Kulturgeschichte
sehen lernen

Band 4

Gottfried Kiesow

Kulturgeschichte
sehen lernen

Band 4

monumente Publikationen
der Deutschen Stiftung Denkmalschutz

Vorwort zur ersten Auflage

„Aller guten Dinge sind drei", sagt der Volksmund in vielen Lebenslagen und nimmt damit Bezug auf die Dreifaltigkeit, wie Gottfried Kiesow uns im zweiten Band dieser Reihe „Kulturgeschichte sehen lernen" erklärt hat. Die Drei ist die heiligste Zahl in der theologischen Rangfolge. Wie kann man nun bei so viel göttlicher Referenz hier das vierte gute Ding, das vierte Buch in der Reihe „Kulturgeschichte sehen lernen", ankündigen?

Vielleicht hilft die Einsicht, dass sich die Vielfalt kultureller Zeugnisse vergangener Epochen bei weitem nicht in drei kleinen Bänden erschöpft, und natürlich auch mit der Zahl Vier wichtige Botschaften unserer Kultur verbunden sind: Es sind die vier Evangelisten, die das Neue Testament überliefern, es sind die vier Jahreszeiten, die vier Temperamente, die vier Elemente, die vier Himmelsrichtungen, die eine wichtige Rolle spielen. Dies haben wir schon in Band Zwei gelernt. Von der Strafe, geviertelt zu werden, wollte der Autor damals lieber schweigen und wendete sich eher der Vierung und dem Vierpass im Kirchenbau zu. Letzteres charakterisiert nicht nur den Humor des Autors Professor Dr. Dr.-Ing. E.h. Gottfried Kiesow, sondern auch seine Art, Positivem den Weg zu bahnen, ohne die Schattenseiten zu übersehen. Dies hat er nicht nur als Landesdenkmalpfleger, Lehrender, beratender Experte, Reiseleiter und Autor bewiesen, sondern das stellt er auch als Vorsitzender der Deutschen Stiftung Denkmalschutz seit Jahrzehnten immer wieder zum Besten heraus.

So zählt nun dieser vierte Band auch vier Kapitel – zwei christliche Themenkreise und zwei weltliche, beide jeweils aus dem Überblick und aus der Sicht auf Details zusammengestellt. Daher mag es erlaubt sein, den Volksmund abzuwandeln: Aller guten Dinge sind hier sogar vier und mögen, der schier unerschöpflich erscheinenden Beobachtungsgabe und Sammlung kunsthistorischer Beispiele des Autors vertrauend, vielleicht auch noch fünf werden.

Bonn, im Dezember 2008　　　　　　　　　　Dr. Robert Knüppel
　　　　　　　　　　　　　　　　　Generalsekretär der Deutschen
　　　　　　　　　　　　　　　　　Stiftung Denkmalschutz (2003–2008)

Inhalt

5 Vorwort

Wie die Architektur Ideen widerspiegelt

10 Gebaut in Gottvertrauen

15 Von der Engelsburg bis zum Heiligen Grab

20 Tod und Taufe im Kirchenbau

25 Prächtig in der Stadt, schlicht auf dem Land

30 Die reine Lehre und die Macht der Bilder

Wovon mittelalterliche Bilderwelten erzählen

36 Teuflischer Fuchs und geduldiger Esel

40 Gott zwischen Sonne, Mond und Engeln

44 Das Bildnis des Gekreuzigten

49 Leid und Triumph Christi

53 Den Schmerz zur Schau gestellt

Was den Bauwerken ein Gesicht verleiht

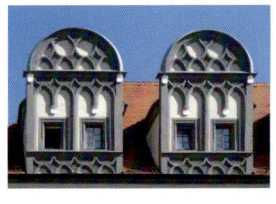

58 Die Villa der Poppea und der Flüsterbogen

62 Türen, die erzählen können

66 Die Kunst, die Zeit und die Türen

70 Augen nach innen und außen: die Fenster

74 Über deutschen Dächern

Wie aus Häusern eine Stadt wird

80 Als die Straßen verkaufen lernten
84 Von traufen- und giebelständigen Häusern
88 Kolonnaden für Flaneure
92 Die Stadt zum Wohlfühlen
96 Städtebau mit Notbremse

101 Ortsverzeichnis
104 Impressum

Wie die Architektur Ideen widerspiegelt

Architektur vermittelt ihre Botschaften im dreidimensionalen Raum umso eindringlicher, je mehr sie den Menschen umschließt und seine Sinne anspricht. Da ist das Material, das regionale Verfügbarkeit und Vorlieben widerspiegelt, da sind die Funktionen des Bauwerks, die Grundriss und Raumwirkung bestimmen und die Ideen, die diesen zugrunde liegen. Wer die großen Linien verfolgt, wird die unterschiedlichen Konfigurationen geistiger und religiöser Hintergründe sehen lernen. Der Kreis, in allen Kulturen der Welt Symbol für die Unendlichkeit, hat im Zentralbau seine dreidimensionale Erweiterung erfahren, ob als Grabbau von Mykene über Rom bis in die Gegenwart, ob als Taufkapelle, Kirche oder Predigtraum, ob Rundbau, Vieleck oder auf die Mitte konzentriertes Rechteck: Stets geht es um die Beziehung zwischen Akteuren und Besuchern, die durch Architektur definiert wird.

Kirchen aus Holz und ihre Geschichte

Gebaut in Gottvertrauen

Abb. 1:
Die Kirche in Heddal, eine von etwa 30 erhaltenen mittelalterlichen Stabkirchen in Norwegen, wo diese eindrucksvolle Holzbauweise zuhause war.

Abb. 2 (rechte Seite): Böhmische Religionsflüchtlinge brachten die Blockbauweise mit nach Wespen, wo sie diese Schrotholzkapelle errichteten.

Die ersten christlichen Kirchen in Deutschland wurden in der Mehrzahl aus Holz errichtet und sind später durch Steinbauten ersetzt worden. So soll der Legende nach Bonifatius 724 seine erste Kapelle in Fritzlar aus dem Holz der Donareiche geschaffen haben, doch bereits 732 hat er sie durch einen Steinbau ersetzt, von dem er prophezeite, er würde nie durch Feuer zerstört werden. Damit nannte er auch einen Grund, warum man bald auf Holzkirchen verzichtete, nämlich wegen der Brandgefahr.

Mittelalterliche Holzkirchen gibt es vor allem in Norwegen, die sogenannten Stabkirchen. Es waren ehemals ungefähr 1 000, davon sind noch etwa 30 erhalten. Zu ihnen gehört die Kirche von Heddal (Abb. 1), die als dreischiffiger Bau im 12. Jahrhundert entstanden ist. Der Begriff Stabkirchen leitet sich vom konstruktiven Gerüst aus einer Vielzahl von langen Holzstäben – Masten genannt – ab. Sie sind wegen der äußeren Verkleidung mit Holzschindeln nur im Inneren zu sehen. Im niedersächsischen Hahnenklee, heute ein Ortsteil von Goslar, wurde 1907–08 die evangelische Gustav-Adolf-Kirche vom Architekten Karl Mohrmann in den Formen einer norwegischen Stabkirche nachgebaut.

In den osteuropäischen Ländern errichtete man in armen Landgemeinden – entsprechend der Bauweise für landwirtschaftliche Gebäude – Kirchen aus runden, nur wenig bearbeiteten Baumstämmen in der sogenannten Blockbauweise. Böhmische Religionsflüchtlinge, als Exulanten bezeichnet, schufen sich 1687 in Wespen (Landkreis Schönebeck, Sachsen-Anhalt, Abb. 2) eine Kirche aus Schrotholz, wie man diese Blockbauweise auch nennt. In Lütetsburg (Kreis Aurich, Ostfriesland) erbauten sich um 1790 die Grafen von Inn- und

Knyphausen in ihrem Schlosspark eine Schrotholzkapelle (Abb. 3) als einen für romantisches Empfinden in englischen Landschaftsparks typischen Staffagebau.

Vom hohen Mittelalter an hat man in Deutschland nur noch sehr selten Kirchen aus Holz errichtet. Neben der Brandgefahr war der Grund dafür wohl,

Abb. 3 (unten): Eine Schrotholzkapelle steht als Staffagebau im Landschaftspark von Lütetsburg, Ostfriesland.

Abb. 4 und 5: In der Kirche von Landow auf Rügen stecken noch Reste des ursprünglichen Fachwerkbaus, wie die Holzspuren am Ziegelmauerwerk der Innenwände bezeugen.

dass man Holz nicht als sakralen Baustoff anerkannte. Deshalb wandelte man auch im 16. Jahrhundert in Landow (Landkreis Rügen) eine ältere Fachwerkkirche in einen Backsteinbau (Abb. 4) um. Im Inneren (Abb. 5) kamen 2002 bei Instandsetzungsarbeiten die Fachwerkständer zum Vorschein.

Bei Hospitalkapellen, in denen man ja keine Sakramente austeilte, wurde die Fachwerkbauweise gelegentlich angewandt, so in Butzbach, wo der Chor (Abb. 6) noch aus dem Ende des 15. Jahrhunderts stammt. Damit ist sie die älteste Fachwerkkirche in Hessen, einem Bundesland, das besonders viele Kirchen in dieser Holzbauweise besitzt.

Mit Ausnahme der Kirche von Butzbach entstanden sie jedoch alle nach der Reformation, durch die das kirchliche Leben so intensiviert wurde, dass man in den abgelegenen Dörfern der waldreichen Mittelgebirge ein eigenes evangelisches Gotteshaus haben wollte, so vor allem im Vogelsberg, aber auch 1627 in Rachelshausen (Kreis Marburg-Biedenkopf, Abb. 7). Die meist kleinen Fachwerkkirchen wurden häufig auf von Bauern gestifteten Grundstücken inmitten der Dörfer errichtet, stehen deshalb etwas beengt zwischen Scheunen und Wohnhäusern, mit denen man sie verwechseln könnte, wäre da nicht der Dachreiter mit der Glocke.

Eine der größten Holzkirchen besitzt die Stadt Clausthal-Zellerfeld (Kreis Goslar), wo man 1637–42 den Holzreichtum des Harzes für den Bau der Evangelischen Marktkirche nutzte. Die Holzkonstruktion ist hier waagerecht mit Brettern verkleidet.

Die größten Fachwerkkirchen stehen in Schlesien, nämlich in Jauer (heute Jawor) und Schweidnitz (heute Swidnica). Ihre Entstehung als Holzbauten geht auf religiöse Intoleranz zurück. Vom Augsburger Religionsfrieden 1555 bis zum Dreißigjährigen Krieg lebten in

Gebaut in Gottvertrauen

Abb. 6 und 7: Die Hospitalkapelle von Butzbach (links) ist die älteste Fachwerkkirche in Hessen, wo nach der Reformation viele Dorfkirchen aus Fachwerk entstanden, so in Rachelshausen bei Marburg.

Abb. 8: Friedenskirche in Jauer, Schlesien, eine Fachwerkkirche mit riesigen Ausmaßen

Schlesien Katholiken und Protestanten relativ friedlich nebeneinander, dabei waren die Protestanten deutlich in der Mehrheit. Da jedoch der in Schlesien siegreiche Kaiser Ferdinand II. sich das Recht vorbehielt, die Religion seiner Untertanen zu bestimmen, wurden die evangelischen Gemeinden enteignet und mehr als 250 ihrer Kirchen an die katholische Kirche übertragen. Zum Glück hatten die Schweden als Schutzmacht der Lutheraner im Friedensvertrag von 1648 dem Kaiser das Zugeständnis abgerungen, dass in den nicht zu den habsburgischen Erblanden gehörenden Herzogtümern Liegnitz, Brieg und Münsterberg-Oels die Ausübung der evangelischen Religion zugelassen sein sollte.

Auch musste der Kaiser gestatten, dass in den ihm 1626 zugefallenen Herzogtümern Schweidnitz und Jauer je eine evangelische Kirche neu erbaut werden konnte. Diese mussten aber außerhalb der Stadtmauern stehen und in Holzbauweise ausgeführt werden. So entstand 1654–56 die Friedenskirche in Jauer (Abb. 8) als ein riesiger Fachwerkbau, eine dreischiffige Basilika nach Entwürfen von Albrecht von Säbisch. Der Innenraum (Abb. 9) bietet zusammen mit den Emporen und Logen Platz

Abb. 9: Unglaubliche Ausmaße mit Plätzen für 6 000 Gläubige erreicht die ohne mittlere Stützen erbaute Fachwerkkirche in Jauer, Schlesien.

Abb. 10 und 11: Wegen ihrer religionsgeschichtlichen Bedeutung ist auch die riesige Fachwerkkirche in Schweidnitz gemeinsam mit der in Jauer als Weltkulturerbe anerkannt.

für 6 000 Gläubige. Diese große Zahl war erforderlich, da es das einzige Gotteshaus für die vielen evangelischen Gemeinden im Herzogtum Jauer war.

Ähnlich verhält es sich bei der ebenfalls von Albrecht von Säbisch entworfenen und 1656–58 ausgeführten evangelischen Friedenskirche von Schweidnitz (Abb. 10), deren Inneres (Abb. 11) einen Zentralraum darstellt, der zusammen mit den vier Emporen 3 000 Sitzplätze und 4 500 Stehplätze aufweist. Die stützenfrei gespannte Holzdecke stellt eine Meisterleistung des Holzbaus dar, ausgeführt von den Zimmermeistern Andreas Kämper aus Jauer und Kaspar König aus Schweidnitz.

Die Friedenskirchen in Jauer und Schweidnitz dienen heute noch evangelischen Gemeinden und wurden wegen ihrer religionsgeschichtlichen Bedeutung auf Antrag der Republik Polen 2001 in die UNESCO-Liste des Weltkulturerbes aufgenommen.

Mausoleen sind oft mächtige Zentralbauten

Von der Engelsburg bis zum Heiligen Grab

Schon in vorgeschichtlicher Zeit bevorzugten die Menschen als Grabkammern kreisförmige Bauten, zum Beispiel vor rund 3500 Jahren in Mykene bei den Tholosbauten genannten Kuppelgräbern oder beim Ring der Königsgräber (Abb. 2), ab 1876 von Heinrich Schliemann ausgegraben. Der römische Kaiser Augustus ließ als Mausoleum für sich und seine Familie um 28 v. Chr. auf dem Marsfeld in Rom einen aus Ziegeln gemauerten und mit Marmor verkleideten Zylinder mit einem Durchmesser von 87 Metern und einer Höhe von 44 Metern errichten, der im Kern auch noch erhalten ist.

Bekannter ist das monumentale Grabmal Hadrians – die heutige Engelsburg – in Rom (Abb. 1), das nach dem Vorbild des Augustus-Mausoleums vom Kaiser im Jahr 135 n. Chr. begonnen, vier Jahre später von seinem Nachfolger Antoninus Pius vollendet wurde. Als Kaiser Aurelian die Stadt Rom ab 271 n. Chr. mit einer Stadtmauer gegen die Heerscharen der Völkerwanderung

Abb. 1:
Die Engelsburg in Rom, als Grabmal Kaiser Hadrians gebaut, ist eines der nichtchristlichen Vorbilder für die runde Form von Mausoleen.

15

Abb. 2:
Auch die Königsgräber in Mykene waren Rundbauten.

Abb. 3:
Sa. Constanza in Rom steht als Mausoleum in der Nachfolge der Anastasis-Rotunde.

schützte, wurde das Mausoleum Hadrians zur Festung ausgebaut. Es erhielt 590 den Namen Engelsburg, nachdem Papst Gregor auf deren Zinnen der Erzengel Michael erschienen war, der ihm das Ende einer Pestepidemie verkündete. An Größe und Pracht stand das Hadrian-Mausoleum seinem Vorbild nicht nach, denn über einem quadratischen Podest von 89 Metern Seitenlänge und 15 Metern Höhe erhebt sich heute noch der 20 Meter hohe Rundbau, einst von einer Säulengalerie mit Statuen umkränzt. In der Tradition dieser beiden Kaisermausoleen steht wegen der Kreisform auch das um 520 entstandene Mausoleum des Theoderich in Ravenna.

Die für Mausoleen übliche Form des Zentralbaus über kreisförmigem Grundriss lebt in der Grabeskirche Christi in Jerusalem weiter. Der Evangelist Matthäus berichtet in Kapitel 27, 59–60, dass Joseph von Arimathia den Leichnam Christi in sein neu aus dem Felsen gehauenes Grab gebettet habe. So steht es auch bei den Evangelisten Markus und Lukas. Über diesem Felsengrab ließ Kaiser Konstantin 326–35 einen kreisförmigen Bau mit innerem Säulenkranz und darüber liegender Kuppel errichten, genannt „Anastasis", was Auferstehung bedeutet. Diese Anastasis-Rotunde wurde zum Vorbild für eine Vielzahl von mehr und weniger freien Nachbildungen im ganzen christlichen Abendland. Zu den frühesten Beispielen gehört Sa. Constanza in Rom, von Kaiser Konstantins Tochter Constantia vor ihrem Tod 354 als kreisförmiger Bau für sich selbst als Mausoleum erbaut. Innerhalb der ringförmigen Außenmauer tragen zwölf Säulen einen mittleren Kuppelraum (Abb. 3).

Im 5. Jahrhundert entstand in Rom mit S. Stefano Rotondo eine zweite frühchristliche Nachbildung der Grabeskirche Christi. Nördlich der Alpen folgte als erstes St. Michael in Fulda, 820–22 von Abt Eigil als Friedhofskapelle für die Mönche des daneben liegenden Benediktinerklosters errichtet. Zwar blieb vom karolingischen Bau nur die kreisförmige Krypta erhalten, doch lehnt sich der oberirdische, 1092 neugeweihte Rundbau mit seinem inneren Kranz von acht Säulen (Abb. 4) eng an den wohl in den Ungarnkriegen des 10. Jahrhunderts zerstörten Vorgängerbau an.

Es ist urkundlich überliefert, dass Bischof Meinwerk von Paderborn im

Jahr 1033 Abt Wino vom Kloster Helmarshausen nach Jerusalem zum Studium der Grabeskirche Christi entsandte. Als Ergebnis entstanden ab 1036 die Busdorfkirche in Paderborn und um 1100–26 die sehr ähnliche Johanneskapelle in Helmarshausen, heute ein Stadtteil der hessischen Stadt Bad Karlshafen. Inmitten der später angelegten Krukenburg oberhalb des berühmten Benediktinerklosters steht heute noch die Ruine der Johanneskapelle (Abb. 5). Den kreisförmigen Zentralbau überdeckte einst eine Kuppel. Ein innerer Säulenkranz fehlt hier. Vom Zentralbau mit einem Durchmesser von 13 Metern gingen vier niedrige rechteckige Kreuzarme mit Tonnengewölben aus. Trotz des direkten Studiums in Jerusalem entfernt sich diese Nachbildung schon deutlich vom Original, was sich noch verstärkte, als Pilgerfahrten in das Heilige Land in Folge der erbitterten Kämpfe zwischen Muslimen und Christen bei den Kreuzzügen immer weniger möglich waren.

Zum Schutz der heiligen Stätten war 1119 der Templerorden gegründet worden, der sich dann auch in Portugal im Kampf gegen die Mauren hervortat. In Tomar (Portugal) wählte der Orden einen Berg über dem Flusstal des Rio Nabão als Bauplatz für seine Christusritterburg, deren Kirche um 1200 als sechseckiger Zentralbau (Abb. 6) nach dem Vorbild der Grabeskirche Christi entstanden ist. Anstelle des inneren Säulenkranzes findet sich hier im Zentrum ein achteckiger, zweigeschossiger Mittelbau als Baldachin für den Hauptaltar. Wenn der Templerorden vom kreisförmigen Grundriss der Grabeskirche Christi abwich, so wohl wegen der Beziehung zum Felsendom, auch Omar-Moschee genannt, auf dem Tempelgelände Salomons in Jerusalem, Schauplatz

Abb. 4:
Der oberirdische Bau der Friedhofskapelle St. Michael in Fulda lehnt sich mit seinem kreisförmigen Bau an den zerstörten Vorgängerbau an.

Abb. 5 (links):
Nach einer Studienreise nach Jerusalem entstand Anfang des 12. Jahrhunderts die Johanneskapelle in Helmarshausen.

Abb. 6:
Der Templerorden bevorzugte Zentralbauten nach dem Vorbild der Grabeskirche in Jerusalem, wie hier in Tomar, Portugal.

Abb. 7 und 8:
Für die Templerkirche La Vera Cruz in Segovia bevorzugte man den polygonalen Grundriss, für Holy Sepulchre in Cambridge einen kreisförmigen.

der Ordensgründung 1119. Von dort übernahm man sowohl in Tomar als auch in Segovia mit der Templerkirche La Vera Cruz (Abb. 7) den Grundriss eines regelmäßigen Polygons, hier aus zwölf Seiten bestehend. Im Inneren des 1208 geweihten Baus erhebt sich ähnlich wie in Tomar ein zwölfeckiger, zweigeschossiger Kernbau.

In England gab es außer der Templerkirche in London noch drei weitere. Hier bevorzugte man den kreisförmigen Grundriss der Grabeskirche Christi, den auch die vom Abt Reinald von Ramsey (1114–30) für die „Fraternity of the Holy Sepulchre" gegründete Pfarrkirche Holy Sepulchre in der Bridge Street von Cambridge (Abb. 8) übernahm. Im Inneren tragen acht dicke Rundpfeiler die Galerie und abschließende Wölbung. Damit ist gegenüber den jüngeren Beispielen von Tomar und Segovia die Ähnlichkeit mit dem gemeinsamen Vorbild der Anastasis-Rotunde in Jerusalem größer.

Als jüngstes Beispiel dieses Bautyps ließ der Bürgermeister Georg Emmerich 1481–1504 als Sühne für einen unsittlichen Fehltritt das Heilige Grab in Görlitz (Abb. 9) erbauen, nachdem er 1464 nach

Jerusalem gepilgert war. Beziehungen zur Anastasis-Rotunde sind hier kaum zu sehen, vielmehr folgt der rechteckige Bau mit der von Säulen umstellten Exedra der Grabeskirche in Jerusalem, wie sie ab 1099 nach der Zerstörung durch die Muslime wieder errichtet worden war und bis 1555 bestand. Mit dem offenen Kuppeltürmchen und seinen orientalisierenden Formen versuchte man, die Nähe zum Vorbild deutlich zu machen.

Außer den beispielhaft behandelten Nachbildungen der Grabeskirche Christi gibt es eine Vielzahl weiterer in ganz Europa, die hier aus Platzgründen nicht genannt werden können. Desgleichen kann ich nur ein Beispiel von Heiliggrabanlagen innerhalb von Kirchen geben, mit dem aus Konstanz allerdings ein besonders charakteristisches. Im Kreuzgang des Münsters war in der Südostecke um 940 die Mauritiusrotunde entstanden, ein der Johanneskapelle in Helmarshausen ähnlicher Rundbau mit vier Annexräumen. In seiner Mitte steht heute noch als Kleinarchitektur ein zwölfeckiger Zentralbau in frühgotischen Formen aus der Zeit um 1270–80 mit spätgotischem Figurenschmuck (Abb. 10). Eine andere Form der Nachbildung der Grabeskirche Christi ist vielfach in Seitenschiffen von Kirchen als Rechteck aus zwei Kammern zu finden, so die besonders qualitätvoll mit reichem ornamentalen und figürlichen Schmuck ausgestattete in der Stiftskirche von Gernrode aus dem Ende des 11. Jahrhunderts.

Zentralbauten auf kreisförmigem oder polygonalem Grundriss kommen nicht nur als Mausoleen, sondern auch als Baptisterien und Palastkapellen vor. Darüber berichtet der folgende Beitrag.

Abb. 9: Weniger monumental, jedoch mit eindeutiger Formsprache nimmt das Heilige Grab in Görlitz Bezug auf die nach 1099 entstandene neue Grabeskirche.

Abb. 10: Das Heilige Grab im Münster von Konstanz

Baptisterien und Schlosskapellen als Zentralbauten

Tod und Taufe im Kirchenbau

Abb. 1:
Der Prototyp der Taufkapellen ist S. Giovanni in Laterano in Rom.

Zentralbauten auf kreisförmigem, achteckigem oder quadratischem Grundriss waren bis in das 4. Jahrhundert n. Chr. den Grabeskirchen vorbehalten. Kaiser Konstantin der Große (um 280–337 n. Chr.), der 326–35 über dem Felsengrab Christi in Jerusalem die Anastasis-Rotunde errichten ließ, erbaute etwa gleichzeitig auch die erste Taufkirche S. Giovanni in Laterano in Rom (Abb. 1) als Zentralbau über achteckigem Grundriss. Dass Taufe und Tod für Christen keine Gegensätze, sondern eine Einheit sind, hat Paulus in seinem Brief an die Römer im 6. Kapitel, Verse 3 und 4, deutlich gemacht: „Wisset ihr nicht, daß alle, die wir in Jesum Christum getauft sind, die sind in seinen Tod getauft? So sind wir ja mit ihm begraben durch die Taufe in den Tod, auf daß, gleichwie Christus ist auf-

Tod und Taufe im Kirchenbau

erweckt von den Toten durch die Herrlichkeit des Vaters, also sollen auch wir in einem neuen Leben wandeln."

Die frühchristlichen Taufkirchen von Ravenna greifen den achteckigen Zentralbau auf, sowohl das zwischen 493 und 526 errichtete Baptisterium der Arianer als auch das ältere der Orthodoxen (Abb. 2), das von Bischof Neon 451 geweiht wurde und angeblich aus einem römischen Bad entstanden sein soll. Ebenso vermutet man auch bei S. Giovanni in Laterano, dass es auf den Grundmauern des Baderaumes im Palast der römischen Familie Laterani steht.

Für Taufkapellen verwandte man im Mittelalter häufig den achteckigen Zentralbau, so 1060 und 1128 beim Baptisterium des Domes in Florenz und 1338–59 bei dem des Domes in Pistoia. Seltener ist der kreisförmige Grundriss. Das prominenteste Beispiel dafür ist das Baptisterium des Domes in Pisa (Abb. 3), erbaut zwischen 1153 und dem Ende des 14. Jahrhunderts.

Neben Grabeskirchen und Taufkapellen fand der Zentralbau schon zur Zeit des Kaisers Konstantin auch bei Palastkapellen Verwendung, zum ersten Mal in Konstantinopel bei der zwischen 527 und 536 erbauten Kirche Hagioi Sergios und Bakchos (Abb. 4), die zum Palast der kaiserlichen Familie gehörte und

Abb. 2 und 3: Der Zentralbau als Taufkapelle: Das Baptisterium der Orthodoxen in Ravenna auf achteckigem Grundriss, die Taufkapelle des Doms in Pisa auf kreisförmigem Grundriss.

Abb. 4: Der Zentralbau als Palastkapelle: die Kirche Hagioi Sergios und Bakchos in Konstantinopel aus dem 6. Jahrhundert.

Abb. 5:
Die Pfalzkapelle Karls des Großen in Aachen, geweiht vor seiner Kaiserkrönuung, fand viele Nachfolgebauten im Mittelalter.

Abb. 6:
Ein Zentralbau über rechteckigem Grundriss: Die mittelalterliche Burgkapelle der Neuenburg in Freyburg an der Unstrut.

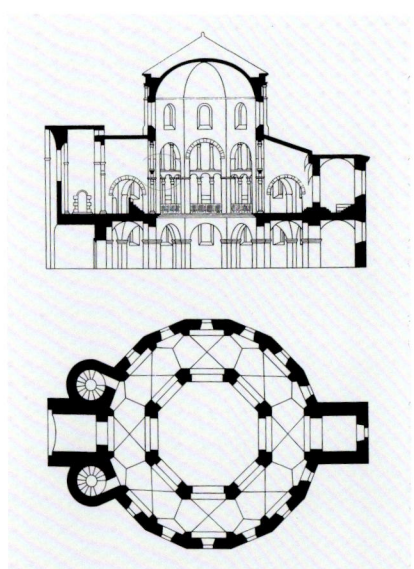

vom Kaiserpaar Justinian und Theodora gestiftet worden war. Seit dem 16. Jahrhundert ist dieser Bau eine Moschee im heutigen Istanbul. Der im Grundriss außen quadratische, innen polygonale Zentralbau hat an allen acht Seiten steinerne, halbkreisartig einschwingende Emporen, wie sie ähnlich bei der Kirche S. Vitale in Ravenna vorkommen. Diesen von Erzbischof Ecclesius 525 begründeten und von Erzbischof Maximian 547 geweihten achteckigen Zentralbau nahm sich Karl der Große zum Vorbild, als er um 790/95 in Aachen die Palastkapelle seiner Pfalz (Abb. 5) erbauen ließ. Dem inneren Achteck mit den Steinemporen entspricht wegen der komplizierten Wölbung das Sechzehneck des äußeren Umgangs.

Für die Kapellen von Pfalzen oder Burgen des Mittelalters wurden Zentralbauten von nun an üblich, wie bei der Ulrichskapelle der Kaiserpfalz in Goslar auf dem Grundriss eines griechischen Kreuzes. Die Burgkapelle der Neuenburg in Freyburg an der Unstrut (Abb. 6) entstand etwa gleichzeitig um 1180/90 über einem Rechteck, das um 1220/30 die Grundlage für die Einwölbung mit vier Kreuzgratgewölben auf einer Mittelstütze bildete. Die ältere Kapelle im Untergeschoss wurde mit der oberen durch eine Öffnung im Fußboden verbunden, so dass eine Doppelkapelle entstand.

Die nach 1221 erbaute Matthiaskapelle auf der Oberburg in Kobern an der Mosel ist ein sechseckiger Zentralbau, andere der vielen mittelalterlichen Schlosskapellen bevorzugten den rechteckigen Grundriss. Nach der Reformation richteten sich die evangelischen Gemeinden überwiegend in ehemals katholischen Kirchen ein. Da jetzt zu Liturgie und Predigt die Kirchenmusik mit dem Singen vieler Strophen aus dem Gesangbuch hinzukam, musste man wegen der Länge des Gottesdienstes sitzen und benötigte dafür mehr Plätze in einem festen Gestühl. So baute man nach dem Vorbild der Schlosskapellen Emporen ein. Große Neubauten für evangelische Gemeinden entstanden außer in

Abb. 7:
Die Frauenkirche in Dresden, ein Höhepunkt des eigenständigen protestantischen Kirchenbautyps

Bückeburg oder Wolfenbüttel vor dem Dreißigjährigen Krieg selten, für die Entwicklung zu einem eigenständigen protestantischen Sakralbau waren mehr die Schlosskapellen wegweisend.

Vorbild für den Neubau von Stadt- und Dorfkirchen mit doppelgeschossigen Emporen in Thüringen und Hessen wurde die Schlosskapelle in der Wilhelmsburg von Schmalkalden (Abb. 1, Seite 30). Landgraf Ludwig von Hessen ließ sie 1588–90 dreigeschossig über dem Grundriss eines gedrungenen Rechtecks erbauen. An allen vier Seiten hat der Raum steinerne Emporen in zwei Geschossen, an der westlichen Schmalseite steht der Altar mit dem Taufbecken, darüber erheben sich die Kanzel und die Orgel. Ähnliche Schlosskapellen der Landgrafen von Hessen gab es bis zur Zerstörung im 19. bzw. 18. Jahrhundert im Landgrafenschloss von Kassel

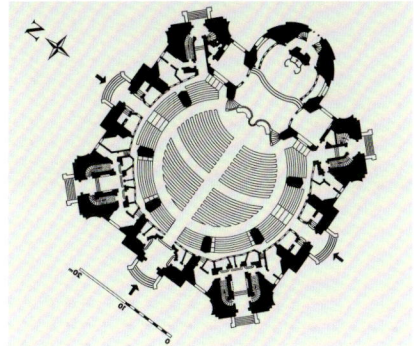

Abb. 8:
In den quadratischen Grundriss der Frauenkirche ist ein kreisförmiger Innenraum eingefügt, bei dem die Blickbeziehungen zum Chor von allen Plätzen in idealer Weise gegeben sind.

1557–62 und Rotenburg an der Fulda von 1585. Die Schlosskapelle der Grafen von Hohenlohe in Weikersheim von 1600 ist ein quadratischer Raum mit umlaufender Empore, überdeckt von einem neunteiligen Kreuzrippengewölbe auf vier Stützen.

Die Frauenkirche in Dresden ist schließlich (Abb. 7) der Höhepunkt der von den Schlosskapellen des 16. Jahr-

Abb. 9:
Der Berliner Dom vereint alle Funktionen historischer Zentralbauten: Grabeskirche, Schlosskirche, Tauf- und Traukirche und evangelische Predigtkirche.

hunderts ausgehenden Entwicklung zu einem eigenständigen protestantischen Kirchenbau mit der Konzentration von Altar, Kanzel und Orgel an der Mittelwand eines Emporengevierts. George Bähr errichtete 1726–43 einen im Kern quadratischen Zentralbau mit Treppentürmen an den Ecken und Risaliten für die drei Haupteingänge an den Seiten (Grundriss Abb. 8). Von allen Plätzen des kreisförmigen Innenraumes mit seinen mehrstöckigen Emporen sind die Blickbeziehungen zum Chor mit der Kanzel unten, dem Altar und der Orgel darüber in idealer Weise gegeben. Wie froh und dankbar können wir sein, dass die Dresdner und alle ihre Helfer von fern und nah nicht müde wurden, diese einmalige Realisierung lutherischen Kirchenbaues wiedererstehen zu lassen.

Der Dom in Berlin (Abb. 9), auf Veranlassung Kaiser Wilhelms I. vom Architekten Julius Carl Raschdorff 1894–1905 erbaut, fasst in monumentaler, sinnvoller Weise alle Funktionen historischer Zentralbauten zusammen. Er ist Grabeskirche des preußischen Königshauses, Schlosskirche, evangelische Predigtkirche und enthält auch eine Tauf- und Traukirche.

Synagogen sind ein bedeutender Teil unserer Kulturgeschichte

Prächtig in der Stadt, schlicht auf dem Land

Abb. 1:
Im 19. Jahrhundert bediente man sich orientalisierender Formen, um einen eigenen Architekturstil für Synagogen zu entwickeln: Neue Synagoge in Berlin.

Synagogen waren einst ein wichtiger Teil der Baukunst in Deutschland, leider sind sehr viele von den Nationalsozialisten in der Reichspogromnacht 1938 zerstört worden. Die erhaltenen haben deshalb eine ganz besondere religions- und baugeschichtliche Bedeutung. Im Unterschied etwa zu katholischen Kirchen sind Synagogen keine heiligen Stätten, sondern Häuser der Versammlung, des Betens und des Lernens. Wegen des strikten Verbots, sich von Gott ein Bildnis zu machen, wie das erste Gebot dies fordert, gibt es keine Statuen, figürlichen Reliefs oder Gemälde. Dieses absolute Bilderverbot galt ursprünglich auch im frühen Christentum und gilt heute noch im Islam.

Wie die Architektur Ideen widerspiegelt

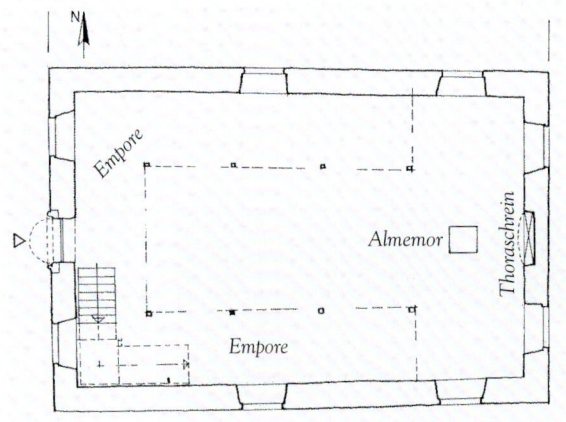

Abb. 2:
Im Schema des Innenraums einer Synagoge wird die Orientierung nach Osten, die Trennung von Männern und Frauen, der Platz des Thoraschreins und der Standort des Rabbis deutlich.

Abb. 3:
Die Männersynagoge in Worms gehört zu den ältesten Synagogen, deren mittelalterliche Schmuckformen denen des Doms gleichen.

Seit der endgültigen Zerstörung des Tempels in Jerusalem durch die Römer im Jahr 70 n. Chr. symbolisiert die Synagoge mehr das tragbare Zelt aus der Wüstenwanderung und weniger ein festes Heiligtum. Das kommt auch durch das Fehlen eines Altars zum Ausdruck und gleicht damit dem frühen Christentum und dem Islam – wie überhaupt die drei großen, dem Heiligen Land entstammenden monotheistischen Religionen manches gemeinsam haben. Dennoch ist die Synagoge kein rein profaner Versammlungsraum, sondern neben der Stätte der Versammlung und des Belehrens auch ein Ort des Betens und geregelter sakraler Handlungen, denen man auch durch das Bedecken des Hauptes Respekt erweist. Während der Außenbau im Laufe der Stilentwicklungen ganz unterschiedlich gestaltet sein kann, folgt die Inneneinrichtung dem von Salomon Korn gezeichneten Schema (Abb. 2).

Danach betreten die Männer – es müssen für die Bildung einer jüdischen Gemeinde mindestens zehn sein – den meist rechteckigen Innenraum an der Schmalseite. Die Frauen müssen über eine Treppe auf die hier U-förmige Empore steigen und dürfen nur dort Platz nehmen. Inmitten des Raumes erhebt sich der Almemor, ein erhöhtes, von Schranken gerahmtes Podest, von dem aus der Rabbi vorträgt. Dieser ist kein geweihter Priester, sondern Schriftgelehrter und Laie wie alle anderen Beter. In der dem Eingang gegenüberliegenden Wand – meist nach Osten, nach Jerusalem ausgerichtet – befindet sich eine Nische, die sich häufig außen durch einen Mauervorsprung abzeichnet. Es handelt sich um den Aron Hakodesch, den heiligen Schrein. Er dient der Aufbewahrung der Thora genannten Schriftrollen, die bei bestimmten Gelegenheiten der Heiligen Lade entnommen, zum Almemor getragen und anschließend wieder zurückgebracht werden.

Zu den ältesten Synagogen in Deutschland zählt die Männersynagoge in Worms (Abb. 3), erbaut 1174/75, 1938 zerstört und 1959–61 wiederhergestellt. Die Formen ihrer Portale, Säulen und Kapitelle gleichen denen des Wormser Domes, und es waren dessen christliche Steinmetzen, die auch an der Synagoge

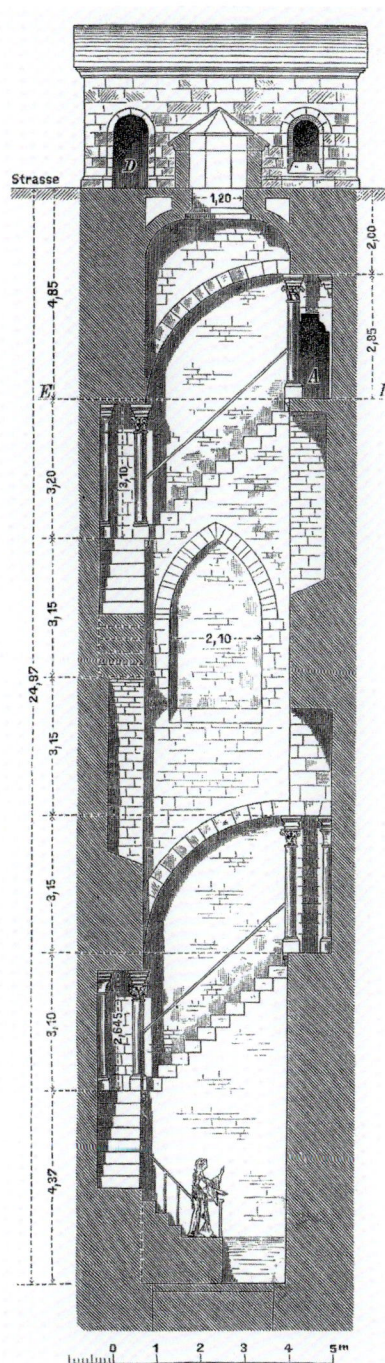

arbeiteten. Die Fenster wurden nach einer Beschädigung 1355 gotisch erneuert, die Gewölbe nach einer Zerstörung 1615 neu eingebracht. Die Ädikula des Thoraschreins entstammt der Barockzeit und zeigt Formen, wie sie auch bei Portalen oder Altarretabeln christlicher Kirchen vorkommen.

Zu jeder Synagoge gehörte ursprünglich ein rituelles Tauchbad, hebräisch Mikwah, im heutigen Sprachgebrauch Mikwe genannt. Die eindrucksvollste ist in Friedberg (Abb. 4) erhalten. Da für die rituelle Reinigung der Frauen Oberflächenwasser verboten und reines Grundwasser vorgeschrieben war, musste die jüdische Gemeinde hier eine 25 Meter tiefe Treppenanlage durch den Felsen schlagen lassen, um den bei 30 Metern Tiefe schwankenden Grundwasserspiegel zu erreichen. Den um 1260 meisterhaft angelegten gotischen Bau schufen dieselben Steinmetzen, die an der Stadtkirche in Friedberg tätig waren.

Im Zeitalter des Barock glichen die Synagogen wie die von Gelnhausen (Abb. 5) im Äußeren christlichen Saalkirchen. Sie war 1601 auf den Grundmauern eines mittelalterlichen Vorgängerbaus errichtet worden, wurde jedoch 1736 barock umgestaltet. Auch hier ist die Ähnlichkeit des Thoraschreins mit einem barocken christlichen Altarretabel sehr groß.

Abb. 4: Um das vorgeschriebene reine Grundwasser für das Tauchbad der Frauen zu erreichen, ist für die Mikwe in Friedberg eine Treppenanlage in den Fels geschlagen worden.

Abb. 5: Äußerlich unscheinbar verbirgt sich hinter dieser barocken Fassade in Gelnhausen die Synagoge.

Wie die Architektur Ideen widerspiegelt

Abb. 6:
In der barocken Synagoge von Ansbach befindet sich ein Almemor mit gewundenen Säulen, wie sie auch in der christlichen Kunst beliebt waren.

Die barocke Synagoge von Ansbach, erbaut 1744–46 nach den Plänen des italienischen Architekten Leopold Retty, hat einen besonders schönen Almemor (Abb. 6), der einem oben offenen Baldachin gleicht. Die gewundenen Säulen waren bei christlichen Kirchen aller Konfessionen sehr beliebt, seit vier von ihnen im Petersdom in Rom das Altarziborium über dem Grab des Apostels trugen, gestaltet 1633 von Lorenzo Bernini. Der im Hintergrund durch den Almemor sichtbare Thoraschrein wird ebenfalls wie ein christliches Altarretabel durch gewundene Säulen gerahmt.

Bis zur Emanzipation des Judentums in Folge der Aufklärung lagen die Synagogen meist am Stadtrand hinter hohen Mauern verborgen, trugen also nicht wesentlich zum Stadtbild bei. Als Juden dann endlich deutsche Staatsbürger wurden und ihren alttestamentlichen Glauben offen zeigen durften, entstanden große, die Stadtsilhouette prägende Bauten. Jetzt konnte man sich auch von der Nachahmung christlicher Kirchen freimachen und suchte nach einer eigenen Bauweise, die die Herkunft aus dem Heiligen Land erkennen lassen sollte. Da es dort aber keinen spezifischen Synagogenstil gegeben hatte, boten zunächst die islamischen Bauten mit ihren orientalischen Formen das Vorbild, so bei der Neuen Synagoge in der Oranienburger Straße in Berlin (Abb. 1, S. 25). Sie wurde 1859 von Eduard Knoblauch begonnen und 1866 von Friedrich August Stüler vollendet. In ihrem Äußeren mischen sich romantisierende Formen aus farbig glasierten Backsteinen mit einer Kuppel in moderner Eisenkonstruktion.

Im Zuge ihrer Assimilierung wollten die Juden ihre Herkunft aus dem Orient nicht überbetonen. Deshalb wählten die Architekten William Lossow und Max Hans Kühne 1909–11 bei ihrem

Abb. 7 und 8:
Die Synagoge in Görlitz: Beherzte Bürger retteten in der Reichspogromnacht das beachtliche Jugendstilgebäude vor der Zerstörung.

Monumentalbau in Görlitz (Abb. 7) den damals bevorzugten Jugendstil, und verwendeten innovativen Stahlbeton. Um mit den christlichen Kirchtürmen im Stadtbild konkurrieren zu können, wird die Synagoge von einem zentralen hohen Turm mit einer Kuppel bekrönt, die allerdings nicht den Innenraum abschließt. Dort (Abb. 8) liegt die Kuppel direkt auf der Mauerkrone, über ihr erstreckt sich ein nicht nutzbarer Hohlraum. Es ging also in erster Linie darum, in einem neu entwickelten Selbstbewusstsein den Kultbau der jüdischen Gemeinde in Erscheinung treten zu lassen, was freilich durch die hohen Bäume im nahen Stadtpark nur begrenzt gelang.

Die Eingangsseite des Innenraumes wird von der geschwungenen Frauenempore eingenommen, auf der gegenüberliegenden Seite sind noch Reste des Thoraschreines vorhanden. Am Rand der Kuppel schreiten aus Stuck gearbeitete Löwen wie am Thron von Salomon – als bildliche Darstellung von Lebewesen neu in der Geschichte der Synagogen. Darüber ist die Kuppel mit einem Schuppenmuster um die Mittelrosette ungewöhnlich reich verziert.

Doch nicht nur größere jüdische Gemeinden in den Städten hatten Synagogen, sondern es gab auch zahlreiche in den Dörfern, die sich äußerlich von den bäuerlichen Wohnbauten und Scheunen kaum unterschieden. Das trifft auch für die Synagoge im hessischen Romrod (Abb. 9) zu. Hier hatte die jüdische Gemeinde 1837 einen 1722 erbauten Streckhof aus Fachwerk gekauft und bis 1846 die Scheune im rechten Teil zur Synagoge, das Wohnhaus zu Schulraum, Lehrerwohnung und kleinem Frauenbad umbauen lassen. Durch den Verkauf in Privathand blieb der Bau in der Reichspogromnacht verschont. 1988 erwarb ihn die Stadt Romrod und stellte den schlichten Synagogenraum (Abb. 10) nach den vorhandenen Resten wieder her. Zwei Säulen mit orientalisierenden Kapitellen tragen die Frauenempore, der ehemalige Thoraschrein wurde nach den erkennbaren Spuren in Umrissen angedeutet. Wegen ihrer unauffälligen, den Bauernhöfen ähnlichen Gestalt blieben in Hessen zahlreiche Synagogen in den Dörfern erhalten.

Sie stehen heute alle unter Denkmalschutz und dienen meist kulturellen Zwecken, vor allem aber der Erinnerung an einen wichtigen, brutal vernichteten Teil unserer Kulturgeschichte.

Abb. 9 und 10: Ein Beispiel für die unzähligen ländlich-einfachen Synagogen wurde im hessischen Romrod restauriert und ist offentlich zugänglich.

Unterschiede im protestantischen Kirchenbau

Die reine Lehre und die Macht der Bilder

Abb. 1:
Die lutherischen Landesherrn förderten, wie hier in Schmalkalden, die Entwicklung eines eigenständigen protestantischen Kirchenbaus durch Leitbauten (vgl. S. 33).

Die Gestalt von Kirchen wird im Äußeren, besonders aber im Inneren von der Gottesdienstordnung der jeweiligen Konfession bestimmt. Dabei stehen die katholischen Sakralbauten in der Tradition des Mittelalters, haben aber dennoch eine spürbare Entwicklung durchgemacht, zuletzt ausgelöst durch die Beschlüsse des Zweiten Vatikanischen Konzils 1962–65.

Die reine Lehre und die Macht der Bilder

Abb. 2 und 3: In der reformierten Kirche in Eilsum, Ostfriesland, wurden die figürlichen Malereien in der Apsis später durch eine Sprossenwand abgetrennt.

Die Reformation war für die sakrale Baukunst der stärkste Einschnitt, jedoch nicht gleichermaßen für alle protestantischen Gemeinden, sehr viel stärker für die reformierten als für die lutherischen. Im Marburger Religionsgespräch konnten 1529 Luther und Zwingli in der Abendmahlslehre zu keiner Einigung gelangen, was die Spaltung der Protestanten und damit unterschiedliche Konzepte im Kirchenbau zur Folge hatte. Während sich Luther gegen einen Bildersturm wandte, führte das absolute Bilderverbot der Reformierten zum Ausräumen der mittelalterlichen Kirchen. Calvin und Zwingli wollten die Rückführung auf die reine Lehre des Frühchristentums, das gemäß dem Ersten Gebot wie die beiden anderen im Vorderen Orient entstandenen großen Religionen keine Bildnisse duldete. Dies war die Reaktion auf die Vielheit der Götter in der ägyptischen, griechischen und römischen Kultur, auf die unzähligen Statuen, die in allen Tempeln und auf den Marktplätzen standen. So vertrieb Paulus um 54 n. Chr. in Ephesos die Devotionalien-Händler aus dem Tempel der Diana mit den Worten: „Es sind nicht Götter, die von Händen gemacht sind" (Apostelgeschichte 19, 26). Die griechisch-orthodoxe Kirche tolerierte schließlich das gemalte Bildnis Gottes, die weströmische auch das plastische (vgl. auch den Beitrag Seite 44 ff.). Die Reformierten aber halten wie Juden und Muslime bis heute am strikten Bilderverbot fest, nicht dagegen Katholiken und Lutheraner.

Da beide protestantischen Glaubensgemeinschaften in Ostfriesland nebeneinander bestehen, ist diese dicht mit Kirchen besetzte Kulturlandschaft zum Vergleich besonders geeignet, um die Unterschiede für den Kunstreisenden auf den ersten Blick deutlich zu machen. Als 1962 in der reformierten Kirche von Eilsum in der Apsis figürliche Wandmalereien mit dem Bildnis Christi (Abb. 2) entdeckt wurden, durften sie auf Anweisung des Kirchenpräsidenten nur sichtbar bleiben, wenn der ehemalige Chor durch eine verglaste Sprossenwand abgetrennt wurde, die Bilder also nicht im eigentlichen Kirchenraum zu sehen sind (Abb. 3).

Außer dem Bilderverbot ist der zweite Grundsatz der calvinistischen Lehre die Ablehnung eines steinernen Altars, wie er dem Urchristentum als Reaktion auf die heidnischen Opferstätten fremd war. Die Reformierten haben anstelle eines

Abb. 4:
Am Abendmahlstisch aus Holz erkennt man eine reformierte Kirche. Der Chorraum ist nicht als geweihter Raum hervorgehoben, wie hier in Hinte, Ostfriesland.

Abb. 5:
Die lutherische Ausstattung akzeptiert Bilder und einen steinernen Altar, wie hier in der Dorfkirche in Buttforde, Ostfriesland.

steinernen Altarblocks einen hölzernen Abendmahlstisch. Für sie ist die Kirche kein geheiligter Raum, der geweiht oder bei Aufgabe der religiösen Nutzung entweiht werden muss. Deshalb lehnen sie auch einen besonderen Chorraum ab. Als sich ihre Gemeinden nach der Reformation in den mittelalterlichen Kirchen einrichteten, entfernten sie nicht nur alle figürlichen Darstellungen, sondern trennten wie in Hinte (Abb. 4) den ehemaligen Chor durch eine hölzerne Schranke vom Kirchenschiff ab. Er dient hier als Grablege für die örtlichen Hauptfamilien und mit der umlaufenden Bank für die Sitzungen des Kirchenvorstands. Weil er nicht zur eigentlichen Kirche gehört, konnte die spätgotische Malerei mit Christus als Weltenrichter im Gewölbe bei der letzten Innenrenovierung freigelegt werden.

Bei der Dorfkirche von Buttforde (Abb. 5) erkennt man schon auf den ersten Blick, dass sie lutherisch ist, denn man sieht an den Wänden und an der Brüstung der Orgelempore viele Bilder, ferner durch den Mittelbogen des Lettners die steinerne Mensa eines mittelalterlichen Altars und darauf den geschnitzten Schrein eines gotischen Flügelaltars in einer 1656 geschaffenen frühbarocken Rahmung. Man behielt hier also die mittelalterlich-katholische Ordnung bei, funktionierte nur den Lettner zu einer Orgelempore um, während er ursprünglich den liturgischen Gesängen der Priester und dem Verlesen der Bibeltexte diente.

Analog zur unterschiedlichen Neugestaltung bestehender mittelalterlicher Sakralräume gingen Calvinisten und Lutheraner auch bei den wenigen großen Neubauten des 17. Jahrhunderts verschiedene Wege. Für die Reformierten nimmt dabei die 1642–48 in Emden erbaute Neue Kirche eine Schlüsselrolle ein. Zwar konnte sich der Baumeister Martin Faber am Vorbild der Norderkerk von 1621–23 in Amsterdam orientieren, gestaltete den Bau jedoch noch konsequenter im Sinne der calvinistischen Lehre, denn er verwendete nur drei (Abb. 6) statt der in Amsterdam vier Flügel eines griechischen Kreuzes, da ja ein besonderer Chor nicht gewünscht war. So stehen Kanzel, Taufständer und Abendmahlstisch vor der Mitte der Südwand, zumal die Reformierten einen Zwang zur Ostung wie im Mittelalter ablehnten. In die Winkel des T-förmigen Baues (Abb. 7) fügte Faber in niedrige Annexräume die Eingangsportale und die Treppen zu den Emporen ein. Diese umschließen an drei Seiten den quergerichteten Raum (Abb. 8) und dienen dem gewachsenen Platz-

Die reine Lehre und die Macht der Bilder

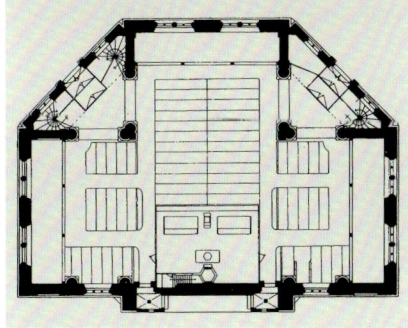

bedarf, ähnlich wie im lutherischen Kirchenbau. Im Unterschied dazu vermeiden katholische Kirchen bis heute Emporen als Sitzplätze für Kirchenbesucher.

Zieht man zum Vergleich die Hauptkirche Beatae Mariae Virginis in Wolfenbüttel heran, fällt schon beim Patrozinium dieses protestantischen Neubaues von 1608–26 die größere Nähe der Lutheraner zum Mittelalter auf, genauso beim Grundriss (Abb. 9), der zu einer gotischen dreischiffigen Hallenkirche mit Querschiff und polygonaler Chorapsis gehören könnte. Anstelle eines zentralen Predigtraums verwendet der Baumeister Paul Francke den langgestreckten, auf das Allerheiligste im Chor ausgerichteten Prozessionsraum. Vom Charakter einer gotischen Hallenkirche trennen nur die Pfeiler mit ihren hohen Postamenten und antikisierenden Kapitellen (Abb. 10) die großartige Schöpfung Paul Franckes. Auch darin äußert sich der konservative Geist der Niedersachsen und die zunächst von den Lutheranern eingenommene Mittlerrolle zwischen Katholizismus und Calvinisten.

Die Entwicklung zu einem eigenständigen lutherischen Kirchenbau begann in den Schlosskapellen der lutherischen Landesherren, in denen wie 1588–90 in Schmalkalden (Abb. 1, Seite 30) doppelgeschossige Emporen alle Seiten des Raumes umschließen. An der einen – dem Fürstenstuhl gegenüberliegenden

*Abb. 6, 7, 8:
Die Neue Kirche in Emden ist ein konsequenter reformierter Kirchenbau, die Predigt steht im Mittelpunkt der Raumstruktur.*

*Abb. 9:
Grundriss und Orientierung des Innenraumes (Abb. 10) der lutherischen Kirche Beatae Mariae Virginis in Wolfenbüttel lassen die Nähe zur mittelalterlichen, auf den Chor ausgerichteten Raumauffassung deutlich werden.*

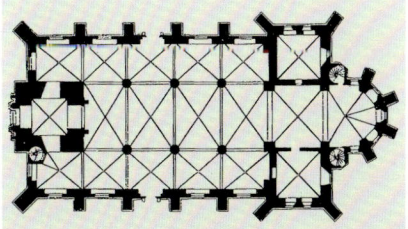

Wie die Architektur Ideen widerspiegelt

Abb. 10:
Die Anmutung des Innenraums der lutherischen Kirche Beatae Mariae Virginis in Wolfenbüttel unterscheidet sich kaum von einer mittelalterlichen Hallenkirche.

– Seite sind übereinander Altar, Kanzel und Orgel angeordnet als die drei Elemente protestantischer Gottesdienstordnung von Liturgie, Wortverkündigung und Kirchenmusik.

Von hier aus führt der Weg über Zwischenstufen zu der Inkunabel lutherischen Kirchenbaus, der 1726–43 von George Bähr erbauten Frauenkirche in Dresden. Als konsequent geformter Zentralbau (Abb. 11 und Abb. 7, Seite 23) mit einem kreisförmigen Inneren, umschlossen von vier Treppenhäusern, drei Risaliten für die Eingangsportale und einem aus dem Kreis entwickelten Chorraum ermöglicht er, sehr viele Menschen auf begrenztem Raum so unterzubringen, dass alle eine gute Sicht auch von den Emporen auf die Chorapsis mit der Kanzel ganz unten, dem darüberstehenden Altar und der bekrönenden Orgel haben.

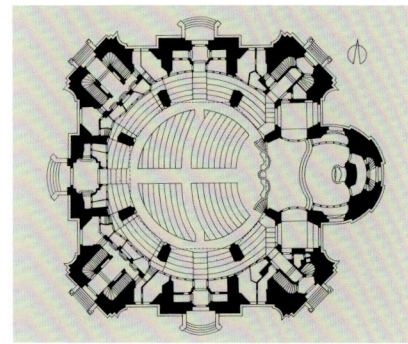

Abb. 11:
Grundriss der Frauenkirche in Dresden von George Bähr, die Inkunabel des lutherischen Kirchenbaus

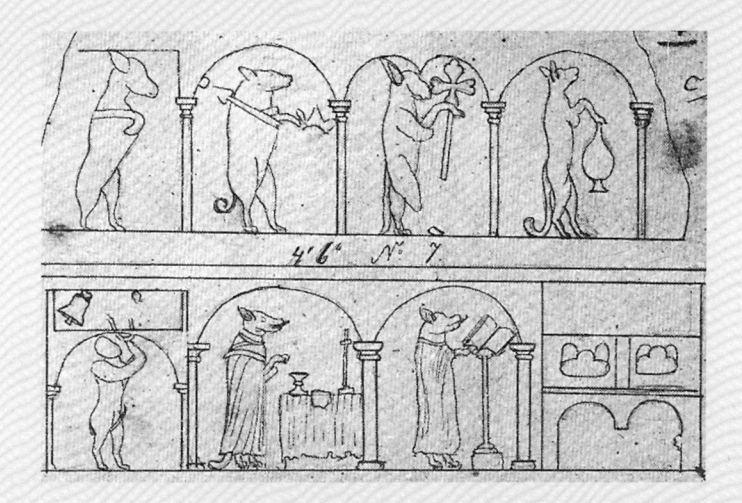

Wovon mittelalterliche Bilderwelten erzählen

Die meisten Menschen im Mittelalter konnten nicht lesen, daher ist die mittelalterliche Kunst so reich an Bildern, die biblische Geschichten erzählen, Heilige in ihrem Wirken darstellen oder christliche Botschaften erklären. Man wird schnell den falschen Eindruck vom „finsteren Mittelalter" vergessen, wenn man die lebendigen, sinnenreichen Darstellungen betrachtet, die vielfältige menschliche Gefühle zeigen und die sich selbst den Spott über den Priester als phlegmatischen Esel oder lüsterne Ziege als Warnung am Kirchenportal nicht verwehren. Heute ist es oft genug umgekehrt: Die Menschen unserer Gegenwart können in diesen Bilderwelten nicht mehr lesen, die Botschaften nicht erfassen, weil das Grundwissen an biblischer Geschichte, an Symbolik und christlichem Verständnis fehlt. Insofern mag dieses Kapitel in besonderer Weise dazu beitragen, erneut „sehen zu lernen."

Wie zwei Tiere zu biblischer Ehre kamen

Teuflischer Fuchs und geduldiger Esel

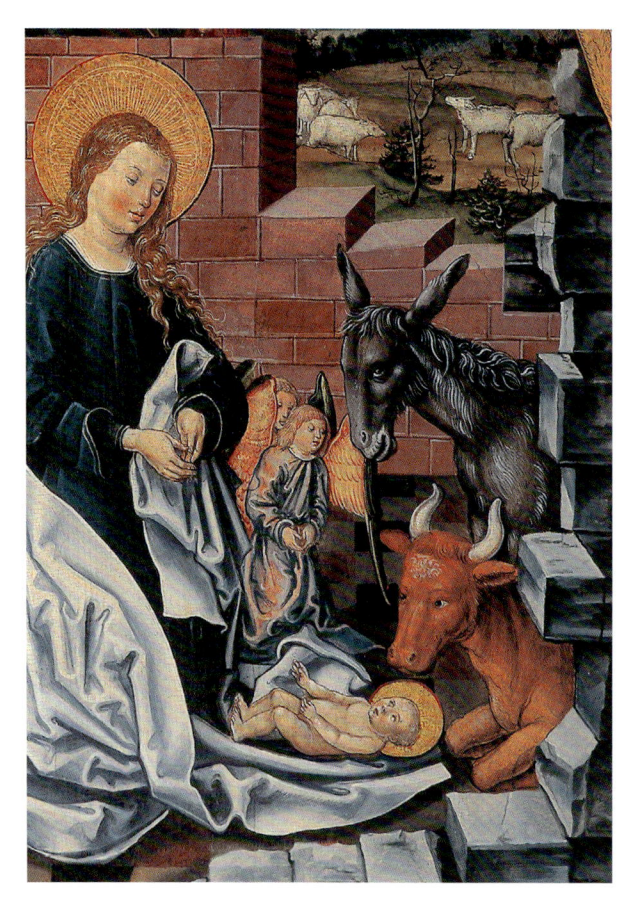

*Abb. 1:
Der Esel bei der Geburt Christi, Altarbild, Ev. Kirche in Wiesbaden-Bierstadt, Martin Caldenbach zugeschrieben, um 1500.*

Dass der Esel im Alten und Neuen Testament so häufig erwähnt wird, überrascht nicht, war er doch das wichtigste Lasttier in Palästina. Doch über die bloße Nennung hinaus kommt ihm mehrfach eine wichtige Rolle zu, bei der sein Charakter offenbar wird. Das geschieht im 4. Buch Mose, Kapitel 22, in den Versen 20–33 mit der Geschichte des Sehers Bileam. Zu ihm kam Gott des Nachts und sprach: „Sind die Männer gekommen, dich zu rufen, so mache dich auf und ziehe mit ihnen; doch was ich dir sagen werde, sollst du tun." Als nun der vom Herrn gesandte Engel ihm doch den Weg versperrte, erkannte ihn die Eselin und wich ihm aus, blieb schließlich trotz der vielen Schläge stehen. Da Gott ihr die Fähigkeit zu sprechen verlieh, beklagt sie sich bei Bileam: „Was habe ich dir getan, dass du mich geschlagen hast nun dreimal?" Mit dieser Szene wird die Rolle des Esels als geduldiges Lasttier anschaulich geschildert, das als Lohn für seine Mühen auch noch Schläge hinnehmen muss, jedoch die Weisungen Gottes eher erkannte als Bileam.

Die ehrenvolle Rolle, die der Esel zusammen mit dem Ochsen bei der Geburt Christi im Stall von Bethlehem spielen durfte, dargestellt zum Beispiel auf dem Altarbild in der Evangelischen Kirche von Wiesbaden-Bierstadt (Abb. 1), ist leider keineswegs durch das Evangelium überliefert, sondern vom Volk als Legende dazu erfunden worden. Diese fußt auf Vers 3 im 1. Kapitel des Propheten Jesaja: „Ein Ochse kennt seinen Herrn, und ein Esel die Krippe seines Herrn; aber Israel kennt's nicht und mein Volk vernimmt's nicht." Durch diese prophetische Aussage fühlte man sich berechtigt, Ochs und Esel in den Stall von Bethlehem zu versetzen, obwohl diese in der Weihnachtsgeschichte von Lukas im 2. Kapitel mit keinem Wort erwähnt werden.

Auch beim zweiten Auftreten des Esels in der Kindheitsgeschichte Christi finden wir im Neuen Testament keine Bestätigung: bei der Flucht nach Ägypten. Über sie berichtet Matthäus in seinem 2. Kapitel, Vers 13, wie der Herr Joseph im Traum erschien und ihn anwies, vor den Mordgelüsten von Herodes nach Ägypten zu fliehen. In Vers 14 heißt es dann nur: „Und er stand auf und nahm das Kindlein und seine Mutter zu sich bei der Nacht und entwich nach Ägypten". Doch wie hätten Mutter und Kind den weiten Weg bewältigen sollen, wenn nicht auf dem Rücken eines Esels, wie es stets auch ohne Textbeleg in der Kunst dargestellt wird, so am 1581 entstandenen Calvaire von Guimiliau in der Bretagne (Abb. 2).

Dagegen haben wir für die Rolle der Eselin und ihres Füllens bei Matthäus 21 den schriftlichen Beleg, denn nach ihm wies Jesus zwei seiner Jünger in Vers 2 an: „Gehet hin in den Flecken, der vor euch liegt; und alsbald werdet ihr eine Eselin finden angebunden und ein Füllen bei ihr; löset sie auf und führet sie zu mir." Und in Vers 4–5 heißt es weiter: „Das geschah aber alles, auf daß erfüllet würde, das gesagt ist durch den Propheten, der da spricht: ‚Saget der Tochter Zion: Siehe, dein König kommt zu dir sanftmütig und reitet auf einem Esel und auf einem Füllen der lastbaren Eselin'." (Jesaja, 62, 11). Den triumphalen Einzug am Palmsonntag nach Jerusalem schildert ein Relief an der südlichen Außenseite des gotischen Lettners im Dom zu Havelberg (Abb. 3), entstanden bald nach 1385.

Da die Gläubigen in der Mehrheit Analphabeten waren, musste man ihnen die Passion sinnlich in Mysterienspielen nahebringen, darunter auch den Einzug nach Jerusalem. Im Frauenhaus

Abb. 2:
Der Esel als geduldiges Lasttier: Flucht nach Ägypten, 1581, Calvaire von Guimiliau, Bretagne.

Abb. 3:
Der Einzug Jesu am Palmsonntag nach Jerusalem auf einem Esel, gotischer Lettner, nach 1385, Havelberger Dom.

Abb. 4:
Palmesel aus einem Mysterienspiel, um 1460, im Frauenhaus des Straßburger Münsters.

37

*Abb. 5:
Eselsköpfe als Symbol der Trägheit: Chorgestühl des Doms zu Havelberg, nach 1289.*

*Abb. 6:
Der Esel mit der Leier, Symbol des Phlegmatikers*

*Abb. 7 (rechts):
Der Esel liest die Messe: Warnung an die Priester vor der Faulheit, beide Motive am romanischen Portal von St. Pierre in Aulnay.*

des Straßburger Münsters ist noch einer jener sogenannten Palmesel (Abb. 4) erhalten geblieben, wie er vielfach am Palmsonntag mit dem darauf sitzenden Christus durch das Kirchenschiff gezogen wurde. So sehr der Einzug des Heilands einem Triumphzug glich, bei dem die Menschen die Kleider und Zweige vor ihm ausbreiteten, so bescheiden ist doch das Lasttier. Nicht hoch zu Ross reitet Gottes Sohn ein, sondern auf einem Esel, Sinnbild der Bescheidenheit, Friedfertigkeit und Demut.

Soweit die positiven Seiten des Esels, der jedoch ähnlich wie der Löwe ein ambivalentes Geschöpf ist, sagt man ihm doch nach, träge und störrisch zu sein. Wie anders sollte er sich auch gegen die ständige Überforderung seiner Kräfte wehren? Wenn am älteren, bald nach 1289 entstandenen Chorgestühl im Dom zu Havelberg große Eselsköpfe erscheinen (Abb. 5), so sollen diese wohl die Stiftsherren ermahnen, nicht in geistige Trägheit zu verfallen, für die der Esel gleichfalls als Symbol steht.

Unter musizierenden Tieren findet man in mittelalterlichen Darstellungen fast immer den Esel mit einer Leier, so auch in der äußeren Archivolte des romanischen Südportals von St. Pierre in Aulnay (Poitou, Frankreich, Abb. 6). Er soll hier das Temperament des Phlegmatikers symbolisieren, die Ziege hinter ihm den flinken Sanguiniker, der ihr folgende Hirsch den Choleriker und der Mensch mit dem Löwen (vor dem Esel) den grübelnden Melancholiker, kenntlich an den gesträubten Haaren, die über den Rand der Archivolte hinausragen. In derselben Archivolte liest weiter rechts der Esel die Messe (Abb. 7). Das Messbuch hält ihm ein ebenfalls in das Messgewand gekleideter Ziegenbock. Diese „lächerliche Messe" wird von zwei

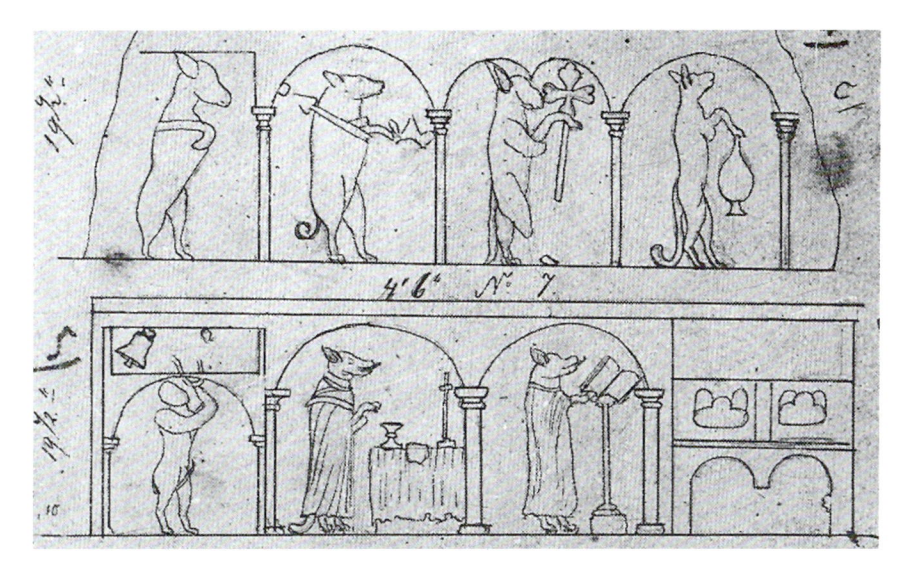

*Abb. 8:
Die teuflische Fuchsmesse, Skizze des Reliefs der Kirche von Marienhafe, Ostfriesland*

Tieren zelebriert, die für Faulheit und Wollust stehen. Wie die Eselsköpfe vom Chorgestühl in Havelberg ist auch sie durch den Esel eine Warnung vor der Trägheit des Geistes, durch den Ziegenbock vor der Versuchung des Fleisches.

Außer den Messen mit dem Esel gibt es auch solche mit dem Fuchs, der im Mittelalter oft stellvertretend für den Teufel steht, im Sprachgebrauch durch das Wort „fuchsteufelswild" noch gegenwärtig. Die Fuchsmesse war einst als Relief an der großen Kirche von Marienhafe in Ostfriesland dargestellt. Bei deren Teilabbruch 1829 hat der Baumeister Martens in seinem Marienhafer Skizzenbuch die Szene festgehalten (Abb. 8).

Man unterstellt dem Fuchs bösartige Schlauheit und Hinterlist, wie sie schon der Physiologus, eine naturgeschichtlich-religiöse Schrift des 2. bis 4. Jahrhunderts nach Christus in folgender Szene wiedergibt: „Der Fuchs stellt sich tot, um die Vögel anzulocken, die er fressen will. Ebenso ergreift und verschlingt der Teufel die, welche in Sünden leben."

Dargestellt ist diese Szene am Südportal des Querschiffs der Klosterkirche von Jerichow (Sachsen-Anhalt, Abb. 9). Man erkennt den sich tot stellenden Fuchs in Mönchskutte und rechts neben seinem Kopf die neugierigen Gänse.

*Abb. 9:
Der hinterlistige Fuchs, Relief an einem Säulenschaft in der Klosterkirche von Jerichow, Sachsen-Anhalt.*

Der Bilderreichtum der Sakramentsmühlen

Gott zwischen Sonne, Mond und Engeln

Abb. 1: Mühlenaltäre erklären die Eucharistie, wie hier in Bad Doberan, der ältesten Sakramentsmühlendarstellung, um 1410/20.

Die Kulturlandschaft von Mecklenburg-Vorpommern ist besonders reich an mittelalterlichen Bauten und an Werken der bildenden Kunst: Der Reichtum im Zeitalter der Gotik durch den Handel und Getreideanbau, die Verarmung nach dem Niedergang der Hanse und die relativ geringen Schäden im Dreißigjährigen Krieg sowie im Zweiten Weltkrieg haben uns hier Kunstwerke von ungewöhnlicher Form und besonderem Bildinhalt überliefert.

Dazu gehören die sogenannten Mühlenaltäre, auch Sakramentsmühlen genannt. Der älteste erhaltene Mühlenaltar steht im südlichen Seitenschiff der ehemaligen Zisterzienser-Klosterkirche in Bad Doberan (Abb. 1). Das mit Tafelgemälden ausgestattete Triptychon entstand um 1410–20, der Maler ist unbekannt. Im oberen Streifen des Mittelbildes sieht man in der Ecke links neben dem Regenbogen einen knienden Herrscher mit Krone und eine Frau, die mit der Hand nach rechts weist. Sie werden als Herzog Albrecht von Mecklenburg (gest. 1412) und seine Gemahlin gedeutet.

In der rechten Bildecke erscheint die Mutter Gottes mit einer Sonne. Die vier Evangelisten, vertreten durch ihre Symbole Adler, Engel, Stier und Löwe, schütten Spruchbänder mit prophetischen Texten des Alten Testaments in den Trichter oberhalb der Mühlsteine. Das Mahlwerk der Mühle wird mittels einer großen Kurbel von den zwölf Aposteln angetrieben. Ein aus dem Mahlwerk kommendes Spruchband mit der Inschrift „ ... factum est et habitavit in nobis et vidimus gloriam" (Johannes 1, 14: „Und das Wort ward Fleisch und wohnete unter uns, und wir sahen seine Herrlichkeit") wird von den vier Kirchenvätern in einem Kelch aufgefangen. Zu beiden Seiten knien Mönche und Laien in Erwartung der Transsubstantiation, der Wandlung des Wortes zum Brot und Leib Christi.

Im zweiten Viertel des 15. Jahrhunderts – also um 1425–50 – stellte ein unbekannter Bildschnitzer im Mittelschrein des Hochaltars der Thomaskirche in Tribsees (Abb. 2) ebenfalls die Sakramentsmühle dar, die hier jedoch mit dem Wasser der vier Paradiesflüsse Pison, Gihon, Euphrat und Tigris angetrieben wird, wobei je zwei der zwölf Apostel die Wasserzufuhr regeln. Ganz realistisch wirkt die Darstellung des hölzernen Zahnrades im unteren Bildteil. Davor erscheint der Christusknabe im Kelch, den die Kirchenväter Gregor und Hieronymus halten, flankiert von

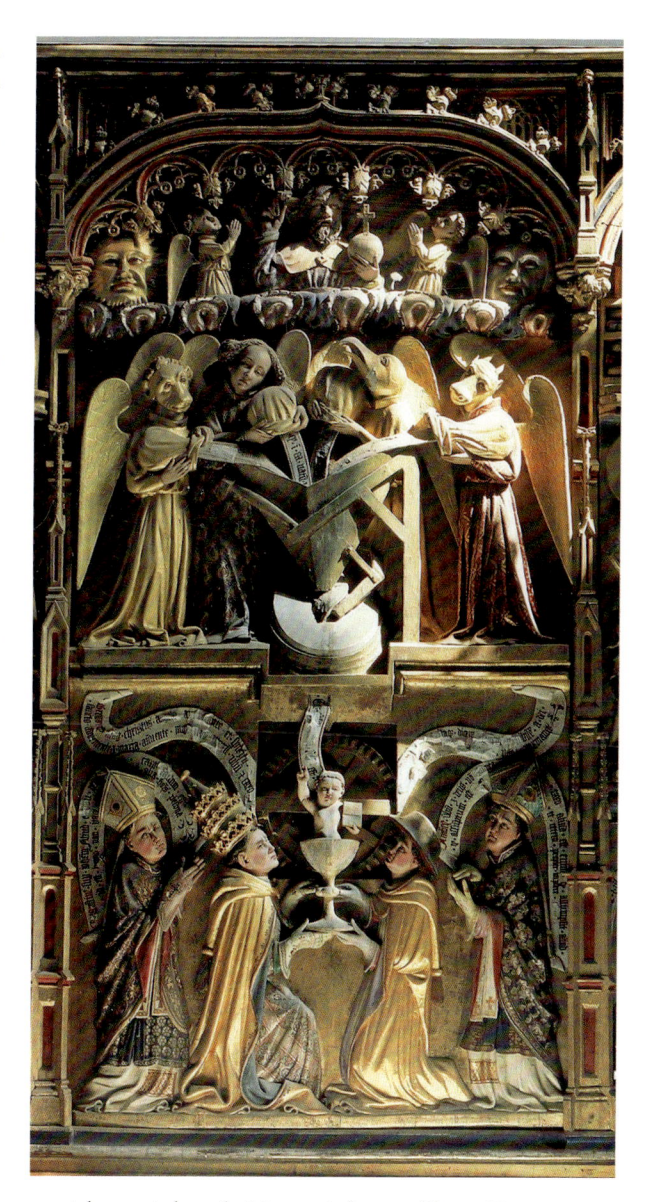

Abb. 2: Mühlenaltar von Tribsees, Vorpommern, um 1425–50 mit den Paradiesflüssen.

Abb. 3: Sakramentsmühle auf dem Hochaltar der Heilig-Kreuz-Kirche in Rostock, Tafelbild um 1450, vor Goldgrund.

Ambrosius und Augustinus. Links unten reicht ein Mönch seinen Brüdern den Kelch, rechts ein Bischof weltlichen Würdenträgern die Oblate. In der Mitte über der Mühle ist zwischen Sonne, Mond und anbetenden Engeln der segnende Gottvater mit der Weltkugel zu sehen.

Die in der zeitlichen Reihenfolge dritte Darstellung der Sakramentsmühle befindet sich auf dem Hochaltar der Heilig-Kreuz-Kirche in Rostock, hier nicht wie in Bad Doberan und Tribsees im Mittelteil des Altars, sondern auf der Außenseite des rechten Außenflügels (Abb. 3). Sie wird in die Zeit um 1450 datiert. Das Mahlwerk wird hier wie in Bad Doberan mechanisch durch eine Kurbel angetrieben, die fünf der zwölf Apostel drehen. Wie in Tribsees halten Gregor und Hieronymus den Kelch mit dem Jesusknaben, begleitet von Ambrosius und Augustinus. Das hölzerne Räderwerk zur Kraftübertragung von der Kurbelwelle auf den Mühlstein ist funktionell ganz realistisch wiedergegeben.

Die jüngste Darstellung einer mittelalterlichen Sakramentsmühle findet man auf einem Flügel des Altars der Dorfkirche von Retschow im Kreis Bad Doberan (Abb. 4). Wegen seiner Naturdarstellung wird er in das letzte Drittel des 15. Jahrhunderts datiert, sichtbar in dem Ersatz des bis dahin üblichen Goldhintergrunds durch eine Landschaft mit Bäumen und Büschen und blauem Himmel. Die Mühle soll unter einem Walmdach stehen, was perspektivisch noch nicht gelungen ist. Hier drehen sechs der zwölf Apostel die Kurbelwelle. Im übrigen gibt es eine Verwandtschaft zum Altar in Rostock in der realistischen Wiedergabe des Räderwerks.

Alle vier Altäre gehen auf die Zisterzienser zurück, denn Bad Doberan ist eine Abtei dieses Ordens, die die Patronatsrechte über die Kirche von Retschow besaß. Die Heilig-Kreuz-Kirche in Rostock gehört zum Zisterzienser-Nonnenkloster, und auch in Tribsees soll es Beziehungen zu den Zisterziensern gegeben haben. Zweck aller Darstellungen der auch Hostienmühle genannten Sakramentsmühle ist es, den Gläubigen sinnlich das Geheimnis der Transsubstantiation zu erklären, nämlich die Wandlung des Wortes der Propheten zum Brot als Leib Christi, fußend auf Matthäus 26, Verse 26–28: „Da sie aber aßen, nahm Jesus das Brot, dankte, und brach's, und gab's den Jüngern und sprach: Nehmet, esset, das ist mein Leib. Und er nahm den Kelch und dankte, gab ihnen den und sprach: Trinket alle daraus; Das ist mein Blut des neuen Testaments, welches vergossen wird für viele zur Vergebung der Sünden." Die meisten Menschen des Mittelalters konnten weder lesen noch schreiben, ihnen mußte man das Geheimnis der Eucharistie bildlich vermitteln.

Die auffällige Häufung von Sakramentsmühlen im Raum Rostock-Bad Doberan wird auf das zur gleichen Zeit entstandene Mühlenlied zurückgeführt. Davon gibt es eine ganze Reihe von Fassungen. Die eine mit dem plattdeutschen Titel „Dat moelen leeth" liegt in einem späteren Druck von 1512/13 in der Universitätsbibliothek Rostock vor und gibt Teile der Messehandlung unter dem Bild der Mühle wieder. Der Inhalt ist folgender: „Der Dichter spricht: Ich will eine Mühle bauen und würde sofort beginnen, wenn ich das Werkzeug hätte. Das nötige Bauholz hole ich mir vom Libanon. Kunstreiche Männer sollen helfen, auch Moses, der Mann des alten Bundes. Hieronymus, Ambrosius, Gregorius und Augustinus sollen auf das Triebwerk achten, zu dem die vier Paradiesströme das Wasser liefern. Die zwölf Apostel setzen die Mühle in Gang, eine Jungfrau bringt einen Sack mit Weizen. Dies ist schon lange vorgesehen von den Propheten. Die vier Evangelisten nehmen ihn an, um das Korn in die Mühle zu gießen. Papst, Kaiser und Prediger helfen. Jedermann eile herbei, zu seinem Heile die rechte Seelenspeise von der Mühle zu erhalten. Den Dichter geleite Gott ins Paradies."

Es ist müßig zu fragen, ob das Mühlenlied die bildlichen Darstellungen oder umgekehrt diese das Lied beeinflußt haben. Beide dienen demselben Zweck, nämlich den Gläubigen das Sakrament des Abendmahls zu erklären.

Außer diesen vier hier genannten Beispielen von Sakramentsmühlen in Mecklenburg-Vorpommern sind im deutschen Sprachraum von den einst sicher sehr zahlreichen Beispielen nur noch wenige erhalten: Zum Beispiel existiert das Motiv als Glasgemälde in der Lorenzkirche zu Nürnberg, im Münster zu Bern und in der Leonhardskirche von Tamsweg in der Steiermark. Auf Altarbildern befindet es sich in den Museen von Göttingen und Ulm, im Dom zu Erfurt und in einer Miniatur in München. Die ältesten Sakramentsmühlen – noch aus dem 12. Jahrhundert stammend – sind wohl auf einem Glasgemälde in der Abteikirche von St. Denis bei Paris sowie an einem Kapitell in der Abteikirche von Vézelay.

Abb. 4: Sakramentsmühle in der Dorfkirche von Retschow, Kreis Bad Doberan, um 1470 mit Landschaftsdarstellung im Hintergrund.

Auch das Christentum verbot zunächst die Gottesbilder

Das Bildnis des Gekreuzigten

Abb. 1: Goldener Altaraufsatz aus Lisbjerg, Dänemark, 11. Jahrhundert, heute im Nationalmuseum Kopenhagen

Die drei großen, dem Heiligen Land Palästina entstammenden Religionen haben vieles gemeinsam: Sie kennen nur einen Gott, und sie hatten ursprünglich alle drei das Verbot, sich von Jehova, Allah oder der Dreieinigkeit ein Bildnis zu machen. Judentum und Islam blieben bis heute bei der strikten Ablehnung. Auch das Christentum folgte zunächst dem ersten Gebot gemäß 2. Mose 20, 1–4: „Ich bin der Herr, dein Gott, du sollst keine anderen Götter haben neben mir. Du sollst kein Bildnis noch irgendein Gleichnis machen, weder des, das oben im Himmel, noch des, das unten auf Erden, noch des, das im Wasser unter der Erde ist."

Die Ablehnung jeglichen Abbilds Gottes ist die Reaktion auf die vielfältige Götterwelt der Antike mit ihren unzähligen Kultbildern, die häufig wie Götzen angebetet wurden. Und so wetterte Paulus bei seinem Aufenthalt in Ephesus etwa 54–57 n. Chr. im Tempel der Diana heftig mit den Worten „Es sind nicht Götter, welche von Händen gemacht sind" (Apostelgesch. 19, 23–40), dass es zum Aufruhr der Hersteller von Devotionalien kam, die um ihr Geschäft bangten. Infolgedessen musste der Apostel die Flucht ergreifen.

Doch brauchten offensichtlich viele Christen eine bildliche Vorstellung von Gott und seinem Sohn, so dass bald Bildnisse von ihnen auftauchten. Sogar den Heiligen Geist meinte man sich als Taube vorstellen zu müssen. Letztlich war der Bilderstreit auch ein Grund für die Teilung der christlichen Kirche: Nach langem Hin und Her erlaubte die byzantinische Seite mit dem Konzil von 843 gemalte Bilder. Diese Wandmalereien und vor allem die Ikonen sind aber keine Werke freien künstlerischen Schaffens, wie Patriarch Nikephoros hervorhob: „Ein Bild ist das Abbild eines Archetypos, das in sich selbst die ganze Form dessen auf dem Wege der Ähnlichkeit wiedergibt, das auf ihm ausgedrückt ist und das sich von ihm nur durch die Verschiedenheit der Substanz unterscheidet, also was die Materie betrifft". Für ein freies Weiterentwickeln der Kunststile war damit kaum Raum gegeben.

Zum Glück schloss sich die Weströmische Kirche dieser starken Einschränkung nicht an, sonst gäbe es nicht die großartige Bildhauerkunst des Abendlandes. Man legte zwar das erste Gebot wie folgt aus: „Du sollst dir kein geschnitztes Bildnis machen, dasselbe anzubeten", praktizierte diese Einschränkung aber nur in der Fastenzeit, in der alle plastischen Kruzifixe mit Tüchern verhüllt wurden und zum Teil auch heute noch verborgen werden. Darauf beruht die Einführung des Fastentuches, mit dem man in der Passionszeit die Altäre und mit ihnen die verehrten Reliquien den Blicken entzog. Zum körperlichen Fasten im Andenken an die Leiden Christi sollte auch die geistige Askese kommen.

Das Frühchristentum kannte wohl nur den Tischaltar als Erinnerung an das letzte Mahl Christi. Mit der seit dem 8. Jahrhundert immer stärker werdenden Reliquienverehrung entwickelte sich der steinerne Blockaltar, den die Reformierte Kirche bis heute ebenso ablehnt wie Bildnisse in ihren Kirchen. Auf den frühmittelalterlichen Steinaltären erhoben sich zunächst wohl vor allem Kruzifixe, die bald einen Unterbau und Rahmen erhielten. In Deutschland gibt es dafür weniger Beispiele als in Dänemark, wo im Nationalmuseum Kopenhagen einige romanische Altaraufsätze aufbewahrt werden, darunter auch der Goldaltar aus der Kirche von Lisbjerg (Abb. 1), der in das 11. Jahrhundert datiert wird. In Treibarbeit wurde hier ein aufwendiger Schmuck aus Figuren und Ornamenten um das Kreuz in der Mitte des rahmenden Bogens angeordnet. Bescheidener vom Material, aber nicht von der künstlerischen Qualität ist der romanische Stuckaltar im Dom zu Erfurt (Abb. 2) aus der Zeit um 1160. Eine thronende Madonna steht unter dem Bogen des halbkreisförmigen Altaraufsatzes, den die Gestalt Christi bekrönt, seitlich angeordnet sind die heiligen Bischöfe Adolar und Eoban, darunter zwei Vierergruppen von Märtyrern mit Palmenzweigen. Neben Erfurt bietet uns Soest gleich vier Beispiele für die Entwicklung des Retabel genannten Altaraufsatzes im hohen Mittelalter.

Das wertvollste aus der Wiesenkirche befindet sich heute in der Gemäldegalerie von Berlin-Dahlem. Doch erhebt sich weiterhin hinter und über dem spätgotischen Marienaltar im Südchor eine romanische Altarbekrönung (Abb. 3), bestehend aus einem Kruzifix auf einem Bogen. Betrachtet man den Bogen mit dem Kruzifix von der Rückseite (Abb. 4), erkennt man, dass es sich um einen älteren, selbständigen Aufbau handelt. Etwas jünger ist der ähnliche Rest eines einst freistehenden Retabels hinter dem spätgotischen Altar im Nordchor. Die

Abb. 2: Romanischer Altaraufsatz aus Stuck, Dom zu Erfurt, um 1160

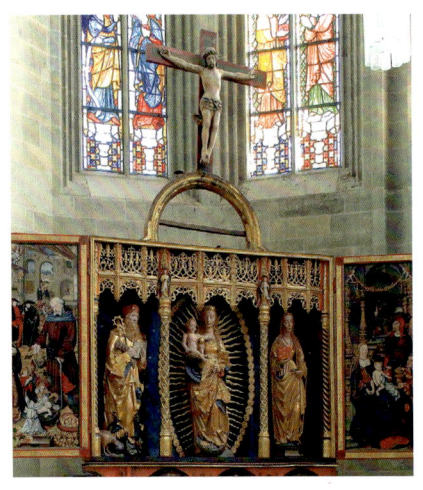

Wovon mittelalterliche Bilderwelten erzählen

Abb. 3:
Romanische Altarbekrönung über dem gotischen Marienaltar in der Wiesenkirche, Soest

Abb. 4 (rechts):
Rückseite mit der Befestigung des älteren Bogens an der Tafel des Marienaltars

Abb. 5:
Hölzernes Scheibenkreuz ohne Kruzifix, um 1230, Hohnekirche, Soest.

Hohnekirche in Soest besitzt noch ein hölzernes Scheibenkreuz (Abb. 5) aus der Zeit um 1230, bei dem allerdings der Corpus Christi verlorenging. Mit den Engelsfiguren, Passionsreliefs und Rankenornamenten kommt es von der Ausschmückung her den dänischen Beispielen nahe. Sehr ähnliche Scheibenkreuze finden sich auf der Ostseeinsel Gotland. In der unteren Hälfte wurden im 15. Jahrhundert zwei Tafeln mit runden Bildfeldern hinzugefügt.

Alle diese Altaraufsätze mit plastischen Bildnissen mussten in der Passionszeit mit Tüchern verhängt werden, von denen noch einige erhalten geblieben sind. Das größte deutsche ist in der Kreuzkirche von Zittau (Abb. 6) ausgestellt und stammt von 1472. Mit seiner Größe von 8,20 Metern Höhe und 6,80 Metern Breite verhüllte es wohl den gesamten Chor der mittelalterlichen Johanniskirche.

Weil es aber mühsam war, an jedem Aschermittwoch die großen Tücher auszurollen, suchte man andere Wege, dem Gebot des Alten Testaments gerecht zu werden, bei dem wegen der Einfügung des Wortes „geschnitzt" gemalte Darstellungen, die ja auch die Fastentücher bedecken, erlaubt waren.

Einen ersten wichtigen Schritt zur Ausbildung des gotischen Retabels mit Tafelgemälden vollzog der um 1250–60 entstandene Altar in der Stiftskirche von Wetter (Hessen, Abb. 7). Die ohne den modernen Rahmen 0,73 Meter hohe und 2,40 Meter breite, aus mehreren Bohlen zusammengefügte Holztafel war von Anfang an zur Aufstellung auf dem Altar bestimmt. Unter plastischen

Abb. 6: Fastentuch aus der Kreuzkirche von Zittau, 1472, das wohl den gesamten Chor der Johanniskirche verhüllte

Rundbögen, getrennt durch gemalte Säulchen, sind sieben Szenen der Passion Christi dargestellt. Reliquien enthielt dieser Altar nicht, jedoch umso mehr der Hochaltar in der Klosterkirche von Bad Doberan (Abb. 8) aus der Zeit um 1310. Er ist wie die Schaufassade einer Kathedrale mit Maßwerk, Wimpergen, Kreuzblumen und Krabben ausgestattet und enthielt im Mittelteil einst in jeder Nische einen Reliquienbehälter. Um diese in der Fastenzeit den Blicken der Mönche zu entziehen, wurden zwei zuklappbare Seitenflügel angeordnet. Sie zeigen auf der Innenseite geschnitzte Szenen aus dem Alten und Neuen Testament. Im geschlossenen Zustand waren auf den Außenseiten gemalte Darstellungen zu sehen. Sie wurden wohl nach der Reformation beseitigt, weil sie vermutlich Heiligenlegenden wiedergaben.

Abb. 7:
Altar mit Tafelgemälden, um 1250–60, Stiftskirche von Wetter, Hessen

Der Hochaltar von Bad Doberan ist einer der ersten Wandelaltäre, der den Geistlichen auf einfache Weise die Einhaltung des ersten Gebotes nach der mittelalterlichen Einschränkung auf geschnitzte Bildnisse wenigstens in der Fastenzeit erlaubte. Die Bildschnitzer und Maler schufen daraus eine Kunstgattung, die uns heute noch in zahlreichen Werken überliefert ist, auch wenn der einstige Bestand durch Kirchenbrände, Modeströmungen und Bilderstürmer auf einen Bruchteil dezimiert wurde. So hat zwar die Nikolaikirche von Stralsund mit sieben gotischen Altären noch ungewöhnlich viele, bis zum 16. Jahrhundert waren es aber sogar insgesamt 56.

Besonders häufig vertreten ist der Altartyp, wie ihn der Marienaltar im Südchor der Wiesenkirche von Soest (Abb. 3) darstellt. Dabei wurden um 1525 entsprechend der Zunftordnung die Holzskulpturen der Madonna im Strahlenkranz – flankiert von Antonius dem Einsiedler und der heiligen Agatha – vom Bildschnitzer geschaffen, die Flügelgemälde der Geburt Christi und der Anbetung der Könige wohl vom Maler Heinrich Aldegrever, dem auch die farbige Fassung und Vergoldung der Holzbildwerke oblag.

Abb. 8:
Innen mit Schnitzwerk, außen bemalt und in der Passionszeit zu schließen: der Hochaltar der Klosterkirche Bad Doberan, um 1310

Kruzifixe des frühen Mittelalters

Leid und Triumph Christi

Abb. 1:
Lebensgroße Darstellung des Corpus Christi auf dem Gerokreuz im Kölner Dom, eines der ältesten erhaltenen Kruzifixe

Abb. 2:
Etwa 100 Jahre jünger als das Gerokreuz ist dieses Kruzifix in der Abteikirche von Werden an der Ruhr.

Das Bildnis des Gekreuzigten ist der Mittelpunkt aller katholischen und evangelisch-lutherischen Kirchen. Bei den evangelisch-reformierten und orthodoxen Gotteshäusern findet man es wegen des Bilderverbots gar nicht oder selten und dann nicht in so monumentaler Form, wie dies vor allem in der deutschen Bildhauerkunst vorkommt.

Eines der ältesten erhaltenen Beispiele ist das sogenannte Gerokreuz im Kölner Dom (Abb. 1). Der Corpus Christi auf dem erneuerten Kreuz misst in der Höhe 1,87 Meter, die Spannweite der Arme beträgt 1,65 Meter. Er ist aus Eichenholz geschnitzt, nur wenig an den Füßen beschädigt, die Bemalung ist jedoch nicht original. Die heutige Forschung geht davon aus, dass es sich um das von Erzbischof Gero (969–76) gestiftete Kreuz handelt, von dem Thietmar von Merseburg in seiner 1012–18 verfassten Chronik berichtet. Für eine ottonische Arbeit ist das Gerokreuz überraschend realistisch in der körperlichen Plastizität des am Kreuz hängenden schweren Körpers Christi, in den gezerrten Muskelsträngen der Arme, im Vorwölben des aufgedunsen wirkenden Bauches.

Diesen Realismus des toten Gottessohnes hielt die Kunstwissenschaft lange Zeit für ein Stilmerkmal der Frühgotik und datierte das Gerokreuz in das späte 12. Jahrhundert, bis es Richard Hamann 1924 überzeugend als die überlieferte Stiftung Geros identifizierte. Dargestellt ist der bereits tote Christus, denn am Corpus ist die Seitenwunde zu erkennen. Von ihr berichtet Johannes als einziger Evangelist in den Versen 32–35 seines 19. Kapitels. Es war üblich, den Gekreuzigten die Beine zu zerschlagen, um den Tod festzustellen, was bei den beiden Schächern auch erfolgte, bei Christus dagegen nicht. Einer der Kriegsknechte hatte nämlich mit seinem Speer die Seite geöffnet, und es flossen getrennt Wasser und Blut heraus, ein Zeichen, dass der Tod bereits eingetreten war. Für das Opfer, das Gottes Sohn mit seinem Blut für die Menschheit brachte, ist dies sehr wichtig, denn in der Feier des Heiligen Abendmahls wird aus dem Wein das kostbare Blut Christi.

Die Kreuzigung als Todesstrafe gab es schon im alten persischen Reich, bei Alexander dem Großen, bei den Puniern und in Karthago. Von dort übernahmen die Römer sie für Schwerverbrecher, Tempelräuber, Deserteure, vor allem aber Hochverräter und Aufrührer. Vielfach wurden die Verurteilten mit

Stricken an das Kreuz gebunden, häufig aber auch wie Christus angenagelt, was eine qualvollere, jedoch kürzere Leidenszeit bedeutete. Erst durch Konstantin den Großen wurde diese barbarische Todesstrafe abgeschafft.

In seinem Realismus des gerade am Kreuz verschiedenen Christus steht das Gerokreuz nicht allein in der ottonischen Kunst. Das silberne Bernwardskreuz im Hildesheimer Dom aus der Zeit um 1007 ist stilistisch so verwandt, dass es vielleicht unter dem Einfluss des Gerokreuzes entstand. Dagegen wirkt das Kruzifix aus der Abteikirche in Werden an der Ruhr (Abb. 2) weniger realistisch und stärker stilisiert. Es wird in die Zeit um 1070 datiert, wurde also etwa 100 Jahre nach dem Gerokreuz aus Bronze gearbeitet und ist damit der salischen Bildhauerkunst zuzurechnen.

Der Bronzeguss fördert gegenüber dem Schnitzwerk die verstärkte Stilisierung, die weitere Entwicklung im 12. Jahrhundert steigert diese Tendenz erheblich, wie am überlebensgroßen Kruzifix des Imervard im Braunschweiger Dom (Abb. 3) sichtbar wird. Hier wird nicht wie beim Gerokreuz der gerade schmerzvoll verschiedene, sondern der über den Tod triumphierende Christus dargestellt, das Haupt mit geöffneten Augen erhoben, gekleidet nicht mit einem Lendentuch, sondern mit einem auch an den Ärmeln langen Gewand. Dessen Falten sind streng symmetrisch und mehr ornamental als realistisch geordnet. Auf den Enden des Gürtels liest man die Inschrift „Imervard me fecit". Auftraggeber für den Bildhauer Imervard war wohl Heinrich der Löwe, Stifter des Braunschweiger Domes in der Zeit um 1173. Das Material ist Holz, Farbspuren deuten auf das rote Gewand mit grünem Untergewand und den mit Gold beschlagenen Gürtel hin.

Vorbild für das Imervard-Kruzifix war der Volto Santo im Dom zu Lucca (Abb. 4). Der Legende nach soll

Abb. 3 und 4: Kruzifix des Imervard im Braunschweiger Dom (links) und sein Vorbild im Dom zu Lucca

Abb. 5:
Das Böcklinkreuz im Freiburger Münster, stilistisch auf dem Weg vom ottonischen zum gotischen Triumphkreuz

Nikodemus es selbst aus einer Libanon-Zeder geschnitzt haben. Das hinter der Kopie in Lucca stehende Original ist wohl byzantinisch und soll 742 in die Basilika di San Frediano in Lucca gelangt sein. Bischof Anselm da Baggio habe es – wohl schon als Nachbildung des verlorengegangenen Originals – am 6. Oktober 1070 in die von ihm gerade vollendete Kathedrale St. Martin überführt, wo es heute noch in einem eigens von Matteo Civitali 1482–84 geschaffenen Marmor-Tempietto besichtigt werden kann. Die zahlreichen Nachbildungen folgen dem Volto Santo im langen Gewand mit den dekorativ und streng symmetrisch geordneten Falten, dem aufrecht gehaltenen Kopf mit geöffneten Augen und den waagerecht gehaltenen Armen, an denen der Corpus Christi nicht hängt, sondern von den beiden einzeln angenagelten Füßen gestützt wird, die häufig auf einer Konsole – Suppedaneum genannt – Halt finden.

Die anderen, nicht auf den Volto Santo zurückgehenden romanischen Kruzifixe stellen den toten Christus mit dem zur Seite geneigten Haupt, geschlossenen Augen und der geöffneten Seitenwunde dar, bekleidet mit dem Lendentuch. Dieses fällt im natürlich wirkenden Faltenwurf. So wurde in der Zeit um 1200 das sogenannte Böcklinkreuz (Abb. 5) gestaltet, das im Münster von Freiburg im Breisgau in der gleichnamigen Chorkapelle über dem Altar hängt. Es war wohl einst das Triumphkreuz des romanischen Chores, ist 2,50 Meter hoch und eine in dieser Zeit höchst ungewöhnliche Treibarbeit aus zum Teil vergoldetem Silber. Zum romanischen Bestand gehören der Corpus ohne die 1968 ergänzten Füße, die beiden Reliefs mit der Himmelfahrt Christi am oberen und des Evangelisten am linken Balkenende. In der eher stehenden als hängenden Haltung mit den nur leicht durchgebogenen Armen gleicht das Böcklinkreuz den Nachbildungen des Volto Santo, in der sehr viel naturalistischeren Gestaltung des Körpern erinnert es entfernt an das Gerokreuz. Für den Stilwandel vom ottonischen zum gotischen Triumphkreuz stellt es ein wichtiges Zwischenglied dar.

Die weitere Entwicklung zu den gotischen Monumentalkreuzen wurde wesentlich von den Entdeckung des Turiner Leichentuches beeinflusst, doch darüber soll in einem zweiten Artikel berichtet werden.

Kruzifixe des hohen Mittelalters

Den Schmerz zur Schau gestellt

Die Entsendung von Gottes Sohn in Menschengestalt erfolgte schon mit dem Ziel des Opfertodes, um den Menschen die Befreiung von jener Erbsünde in Aussicht zu stellen, die Adam und Eva im Paradies begangen hatten. Dies kommt bei vielen Kreuzigungsszenen dadurch zum Ausdruck, dass am Fuß des Kreuzes der Schädel oder größere Teile des Skeletts von Adam erscheinen, die man der Legende nach beim Ausheben des Erdloches für die Aufstellung des Kreuzes gefunden hatte. Bei der großartigen, 17 Meter hohen Triumphkreuzgruppe von Bernt Notke im Dom zu Lübeck aus dem Jahr 1477 erscheint das erste Menschenpaar seitlich auf dem Tragbalken.

Für das Christentum ist der Opfertod von Gottes Sohn das Zentrum des Glaubens, deshalb kommt auch den plastischen Kruzifixen in den katholischen und lutherischen Kirchen eine zentrale Rolle zu. In den orthodoxen Gotteshäusern existieren sie nur in gemalter Gestalt, die lediglich eine materielle Neuschöpfung als Andachtsbild, nicht ein eigenständiges Kunstwerk sein sollte. So ist dort in den Ikonen sehr viel weniger eine stilistische Eigenart in der Abfolge der Stilepochen für den Laien zu erkennen, als dies in der weströmischen Kirche bis heute der Fall ist.

Während Luther das im ersten Gebot verankerte Verbot des Bildnisses von Gott und damit auch seines Sohnes ebenfalls ignorierte, lehnt die reformierte Kirche jede bildliche Wiedergabe auch nur des Kreuzes ohne Corpus grundsätzlich ab. Für die katholische und lutherische Kirche ist zwar die künstlerische Wiedergabe erlaubt, jedoch dominiert die sakrale Bedeutung, sind die stilistischen Merkmale nicht auf den ersten Blick zu erkennen, wie das etwa bei den unzähligen Szenen von Christi Geburt der Fall ist, bei denen der Künstler die Gelegenheit zur erzählenden Ausschmückung des weihnachtlichen Ereignisses hatte. Bei den plastischen Darstellungen des Gekreuzigten gibt es als Ausstattungselement nur das Lendentuch.

Deshalb ist bei den Kruzifixen ein Einordnen in die stilistische Entwicklung deutlich schwieriger. Für die Frage, ob es sich bei einem mittelalterlichen

Abb. 1:
Die beiden Füße einzeln abgestützt: Christusdarstellung am Triumphkreuz im Dom zu Halberstadt

Abb. 2:
Durchgang des Westlettners im Naumburger Dom: Ein einzelner Nagel durch beide Füße stützt das Gewicht des Gekreuzigten.

Abb. 3:
Reich ausgestattet und wirklichkeitsnah dargestellt: das Triumphkreuz in der Schlosskirche von Wechselburg

Kruzifix um ein noch spätromanisches oder schon frühgotisches handelt, ist entscheidend, ob die Christusfigur noch mit vier oder bereits mit drei Nägeln dargestellt ist.

Entscheidend für den Wechsel in der Zeit um 1250 ist die erneute Auffindung des Turiner Grabtuches, einer kostbaren Reliquie, die bis heute in der „Capella Regia" des Domes von Turin aufbewahrt wird. Man vermutet, dass sich das mehr als vier Meter lange und etwa ein Meter breite Leinentuch zuvor in Byzanz befand, wohin es aus dem Heiligen Land wegen der vordringenden Sarazenen um das Jahr 600 gebracht worden sein könnte. Nach der Plünderung von Byzanz durch die Kreuzfahrer 1204 gelangte es nach Frankreich, schließlich in den Besitz der Herzöge von Savoyen, der späteren Könige von Italien, die es dem Dom in Turin schenkten. Auf der Leinwand zeichnet sich das Bildnis eines Gekreuzigten ab. Der Vatikan hat nie behauptet, dass es sich mit Sicherheit um das Leichentuch Christi handele. Papst Clemens VII. erlaubte im 14. Jahrhundert den Gläubigen, es zu verehren, obwohl es nur ein von Menschenhand hergestelltes Abbild sei. Mit Farben gemalt ist es jedoch eindeutig nicht, sondern es handelt sich um einen Abdruck, der durch die verwendeten Öle bei der Einbalsamierung und durch die Ausdünstungen des Leichnams entstand, wie Wissenschaftler aller herangezogenen Fachbereiche nachgewiesen haben.

Sein Einfluss auf die Darstellung Christi am Kreuz beruht darauf, dass es den Toten nicht mit vier, sondern nur mit drei Nagelstellen wiedergibt. Beim großen Triumphkreuz im Dom zu Halberstadt (Abb. 1) stützt Christus jeden Fuß einzeln auf eine Konsole – das sogenannte Suppedaneum, das hier die Form eines demütig verschlungenen Drachens hat. Am Westlettner des Naumburger Domes (Abb. 2) wird er mit übereinandergelegten Füßen dargestellt, durch die nur ein Nagel getrieben worden ist. Man spricht in der Kunstwissenschaft vom Übergang des romanischen Viernageltyps zum gotischen Dreinageltyp. Es handelt sich wohl ursprünglich um verschiedene Formen dieser Todesstrafe. Bei Verwendung eines Suppedaneums stützt der Verurteilte sich mit den Beinen ab, hängt nicht so stark an den Armen wie beim Dreinageltyp, wodurch die Schmerzen geringer sind, der Todeskampf allerdings länger dauert.

Was das Turiner Grabtuch außerdem lehrt, ist die richtige Nagelung der Hände an den Kreuzesbalken durch die Handgelenke und nicht, wie stets dargestellt, durch die Handflächen, aus denen die Nägel durch das Körpergewicht herausgerissen worden wären, worauf der französische Chirurg Pierre Barbet bei der Untersuchung des Leichentuches hingewiesen hat. Diese Erkenntnis haben jedoch die Bildhauer allgemein nicht bei ihren Darstellungen berücksichtigt.

Beim Vergleich des Halberstädter (Abb. 1) mit dem Naumburger Kruzifixus (Abb. 2) ist die Weiterentwicklung zwischen ca. 1220 und etwa 1240 vom noch stärker der romanischen Kunst nahestehenden zu der schon der Gotik angehörenden Darstellung nicht allein im Übergang vom Viernageltyp zum Dreinageltyp zu sehen. Gewand und Haupthaar sind in Naumburg weniger stilisiert, plastischer und stärker einem natürlichen Haar mit einzelnen Strähnen angeglichen.

Diese Entwicklung zu größerer Plastizität und naturalistischer Durchformung des Körpers Christi setzt sich bei der Triumphkreuzgruppe in der Schlosskirche von Wechselburg (Abb. 3) fort. Sie ist mit den Assistenzfiguren von Maria und Johannes und Reliefs an den Enden der Kreuzesbalken reich ausgestattet und gehört damit ebenso wie das in Halberstadt zur Gruppe sächsischer Großkreuze des 13. Jahrhunderts.

Von diesen mehr durch stille Trauer geprägten spätromanisch-frühgotischen Bildnissen des am Kreuz anscheinend friedlich verschiedenen Gottessohnes ist der Wandel zu Werken aus dem frühen 14. Jahrhundert drastisch, betrachtet man den Crucifixus dolorosus in der ehemaligen Damenstiftskirche St. Maria im Kapitol zu Köln (Abb. 4). In einem nahezu brutalen Realismus wird hier der geschundene Leib Christi zur Schau gestellt, und es liegt einem sogleich der Vers aus dem Kirchenlied „Oh Haupt voll Blut und Wunden, voll Schmerz und voller Hohn" auf den Lippen. Das Martyrium wird hier mit expressiver Dynamik geschildert. Zur Seitenwunde, die vom eingetretenen Tod berichtet, kommen zahlreiche, den ganzen Körper überdeckende Wunden hinzu, die von Folter zu zeugen scheinen. Dabei gehen diese auf die nach 1400 vorgenomme-

Abb. 4: Crucifixus dolorosus in der ehemaligen Stiftskirche St. Maria zu Köln: Die dargestellten Wundmale heben die Leiden des Kreuzweges hervor.

ne Zweitfassung von hoher Qualität zurück, die vermutlich der originalen von 1304 sehr nahe kommt. Für die technischen Fähigkeiten des Bildschnitzers war die expressive Gestaltung mit dem stark vorgewölbten Brustkorb und dem tief herabgesunkenen Haupt des Toten eine starke Herausforderung. Er konnte den Corpus nicht aus einem Nussbaumholz schnitzen, sondern musste Teile wie die Arme, das rechte Knie und die Zipfel des Lendentuches anstücken. Das heutige Gabelkreuz ist nicht das originale von 1304, das aber auf Grund der Armhaltung eine ähnliche Form gehabt haben könnte. Der Crucifixus dolorosus steht in seiner expressiven Ausdrucksform nicht allein in der Bildschnitzerkunst des 14. Jahrhunderts. Zum Beispiel vertritt diesen Stil unter anderem auch die sogenannte Pietà Roettgen im Rheinischen Landesmuseum Bonn aus dem zweiten Viertel des 14. Jahrhunderts.

Von hier bis zur großen Blütezeit deutscher Bildhauerkunst im ausgehenden Mittelalter kann man eine beachtliche Entwicklung beobachten. So beim Vergleich mit dem Kruzifixus des Nikolaus Gerhaert van Leiden in der Stiftskirche von Baden-Baden (Abb. 5), signiert und datiert 1467. In der spätgotischen Kunst nimmt dieser niederländische Meister eine zentrale Stellung ein. Er hat überwiegend in Naturstein gearbeitet, seine Werke aus Holz sind bisher nur urkundlich überliefert. Der Realismus in der Körperdarstellung des qualvoll gestorbenen Gottessohnes ist nicht geringer. Die Dramatik wird vom flatternden Lendentuch noch unterstützt. Und doch scheint insbesondere das Haupt eher Ruhe als Qual auszustrahlen. Neu ist die naturalistische Gestaltung der oberen Enden des Kreuzesbalkens mit seinen Rissen, Resten der Rinde und Ansätzen der Äste. Sie verdeutlichen den Arbeitsprozess, in dem mit der Breitaxt aus einem Rundholz ein im Querschnitt quadratischer Balken gebeilt wurde.

Die Entwicklung der Kreuzigungsdarstellungen durch die folgenden Kunstepochen bis hin zur Gegenwart ließe sich fortführen, doch sei dies einem späteren Band dieser Reihe vorbehalten.

Abb. 5: Realitätsnah bis hin zur Holzstruktur: Spätgotisches Kruzifix des Nikolaus Gerhaert van Leiden, 1647

Was den Bauwerken ein Gesicht verleiht

Fenster sind die Augen des Hauses. Lässt man mit dieser Idee die Phantasie schweifen, sind die Türen der Mund. Das Dach setzt dem Bauwerk den Hut oder die Krone auf. Die Details der Fassade geben dem Haus ein Gesicht. Wer ihre Entwicklung kennt, kann nicht nur im Wandel der Schmuckformen die Geschichte des Bauwerks ablesen, er erfährt viel vom Selbstverständnis der Bauherren und Bewohner. In der Bau-, Technik-, Kunst- und Kulturgeschichte liegen Welten zwischen den kleinen Fensteröffnungen des Mittelalters und der Spiegelglashochhausfassade der Gegenwart, zwischen den massiven, schützenden Türen der Romanik und den funktionalen Mietshaustüren der Gegenwart. Die Details am Bauwerk sind jedoch auch am meisten gefährdet und werden oft als erste ersetzt. Wer das angemessene Material und Proportionen kennt, schaut dann in ein verzerrtes Gesicht.

Eine kleine Kulturgeschichte der Türflügel

Die Villa der Poppea und der Flüsterbogen

In dritten Band dieser Buchreihe berichteten wir bereits über die steinernen Portalöffnungen und deren Anfänge in der romanischen Baukunst. Sie bilden den repräsentativen Rahmen für die Türflügel, die uns den Zugang zu einem Bauwerk öffnen oder verwehren.

Bis in die Antike reichen unsere Kenntnisse über Türflügel zurück. Die mittleren Bronzetüren der Vorhalle von S. Giovanni in Laterano in Rom (Abb. 2) stammen ursprünglich von der Curia Iulia, dem Sitzungsgebäude des Senats, das in seiner letzten Gestalt von Kaiser Diokletian im Jahr 303 erbaut worden war. Wiewohl aus Bronze gegossen, geht ihre Form doch auf jenen hölzernen Aufbau von plastisch vortretendem Rahmen und vertieften Füllungen zurück, der bis heute die Grundform von Türflügeln darstellt.

Das schreckliche Unglück, das am 24. August des Jahres 79 n. Chr. die Siedlungen um den Vesuv betraf, bewahrte uns unter anderem die Gestalt hölzerner Türflügel aus der römischen Antike. Beim ersten Beispiel aus der sogenannten Villa der Poppea von Oplontis ist es zwar nur der Abdruck, den

Abb. 1:
Dekorative Eisenbänder und ein Löwenkopf als Türzieher schmücken die Türe im Westportal der Elisabethkirche in Marburg, um 1280.

Die Villa der Poppea und der Flüsterbogen

zwei Türflügel in der erkalteten Lavamasse hinterlassen haben (Abb. 3), das reicht jedoch für unsere Vorstellungen aus. Die erhaben vortretenden Rahmen der beiden schmalen Türflügel weisen etwa im oberen Drittel ein Querbrett auf und leiten zu den vertieft eingelassenen, dünneren Füllbrettern mit einem fein differenzierten Profil über. Die vom Abhang des Vulkans herabdrückende Lavamasse hat die beiden Türflügel aufgedrückt und das Holz verkohlen und später vergehen lassen, uns jedoch den präzisen Abdruck überliefert. Im tiefer zum Golf von Neapel gelegenen Herculaneum hatte sich durch die starken Regenfälle die erkaltende Lava in eine Schlammmasse verwandelt, die den Ort bis zu einer Höhe von zwanzig Metern überdeckte.

Darunter blieben viele Holzteile erhalten, so auch die Haustür eines bürgerlichen Wohnhauses (Abb. 4). Um diese vor den Berührungen der Touristen zu schützen, hat man sie in Glas eingepackt. Trotz der dadurch verursachten Spiegelung erkennt man bei diesem breiten Türflügel die vertikale Dreiteilung des Rahmens und das Querbrett, das ungefähr im unteren Drittel sitzend die Fläche in sechs Felder teilt. Die in der römischen Antike vor 79 n. Chr. entstandenen Türflügel könnten von ihrem Aufbau aus Rahmen und Füllungen wie auch von der Felderteilung her noch im 19. oder 20. Jahrhundert gearbeitet worden sein. Ihre zeitlose, aus den Gesetzen des Holzbaues entwickelte Form wurde zum Vorbild für die Gestaltung repräsentativer Bronzetüren der Antike, die ihrerseits die christlichen Kirchen beeinflussten.

Karl der Große ließ seine Pfalzkapelle in Aachen in der Zeit um 800 mit fünf Bronzetüren ausstatten. Die größte in der Westvorhalle, Wolfstür genannt (Abb. 5), folgt ganz der Tradition antiker Bronzetüren, wie der Vergleich mit den Bronzetüren von S. Giovanni in Laterano (Abb. 2) ergibt. Ein neues Motiv sind jedoch die beiden Löwenköpfe, die fortan zur Abwehr böser

Abb. 2–4: Türflügel aus der Antike (v.l.n.r.): Bronzetüre aus S. Giovanni in Laterano in Rom, Türabdrücke an der Villa der Poppea in Oplontis und Haustüre eines Wohnhauses in Herculaneum

Abb. 5 (links): In antiker Tradition: Die Wolfstüre in der Pfalzkapelle in Aachen, um 800

Abb. 6 (rechts): Nicht mehr aus einem Guss, sondern aus einzelnen Bildtafeln zusammengesetzt: Türe in der Sophien-Kathedrale von Nowgorod

Geister angebracht wurden. Die Türen von Aachen bilden den Anfang einer Vielzahl von mittelalterlichen Bronzetüren in Deutschland, von denen die in Hildesheim 1015 vollendeten als erste mit Reliefszenen aus dem Alten und Neuen Testament ausgestattet worden sind.

Nach Aachen und Hildesheim wurde Magdeburg zum Zentrum des Bronzegusses. Die dort um 1152/56 entstandenen Türflügel gelangten an das Westportal der Sophien-Kathedrale von Nowgorod (Abb. 6). Im Unterschied zu den bisher behandelten Bronzetüren wurden sie nicht in einem Stück gegossen, sondern die 47 Bildtafeln und die 46 Rahmenteile wurden gesondert hergestellt und auf je einem Holzrahmen angebracht. Die Bildtafeln geben überwiegend Szenen aus dem Neuen Testament wieder, aber auch Erzbischof Wichmann von Magdeburg und die deutschen Gießer Riquin und Waismuth sowie der russische Abraham sind dargestellt.

Bronzetüren zu gießen setzte eine erfahrene Werkstatt voraus und war mit hohen Kosten verbunden, deshalb fanden sie nur bei bedeutenden Domen und Klosterkirchen Verwendung. Weniger prominente Sakralbauten erhielten Türflügel aus aufgedoppelten Holzbohlen, auf die außen eiserne Beschläge genagelt wurden, die vor einem Aufbrechen schützen sollten. In dieser Technik wurden um 1150 die beiden Flügel im Nordportal der Lubentiuskirche von Dietkirchen an der Lahn bei Limburg (Abb. 7) hergestellt. Sie blieb – immer mehr verfeinert – bis zum Ende des Mittelalters die bevorzugte Gestaltungsform für Außenportale von Kirchen, Burgen und Bürgerbauten.

Die Elisabethkirche in Marburg besitzt im Westportal noch ihre originalen Türflügel aus der Zeit um 1280, bei denen auch die ursprüngliche Farbigkeit mit dem intensiven Rot auf Grund von umfangreichen Spuren rekonstruiert werden konnte (Abb. 1, S. 58). Die zierlichen gotischen Eisenbänder bilden in der Mitte das Kreuz des Deutschen Ordens, dessen Hochmeister im Ostchor seinen Sitz hatte. Der Löwenkopf als Abschreckung böser Geister ist hier

Die Villa der Poppea und der Flüsterbogen

Abb. 7 und 8: Eiserne Beschläge zum Schutz vor Einbruch: Lubentiuskirche von Dietkirchen an der Lahn und St. Nikolai in Stralsund

als Türzieher ausgebildet. Die Zartheit der Bänder und der vielen dekorativen Blätter deuten mehr auf das Bedürfnis nach Schmuck als auf die Abwehr von Einbrechern hin.

Das ist bei der um 1325–50 entstandenen Tür im südlichen Seitenschiff von St. Nikolai in Stralsund (Abb. 8) anders, denn sie führte in das Archiv mit wichtigen Urkunden, auf denen Privilegien der Kirche verzeichnet waren. Hier sind es deshalb breite Eisenbänder, die einen engen diagonalen Raster und damit zusammen mit den Schlössern und Riegeln einen wirkungsvollen Schutz bilden.

Bis zum Ende des Mittelalters war bei Bürgerhäusern das Bedürfnis nach einem Schutz vor Einbruch so groß, dass man die dicht in Rauten angebrachten Bänder auf den Türflügeln beibehielt, so beim sogenannten Flüsterbogen von Görlitz (Abb. 9) aus der Zeit um 1515. Erst von der Renaissance an verwendete man auch bei Außentüren ganz aus Holz geschnitzte Flügel mit einem immer reicher werdenden Dekor.

Abb. 9: Beim „Flüsterbogen" in Görlitz, um 1515, sind die schützenden Eisenbänder mit ästhetischer Qualität angeordnet.

61

Wie die Visitenkarte des Hauses zu Rubbelglas verkam

Türen, die erzählen können

Tür unserer Tage soll pflegeleicht sein, also keinen Anstrich benötigen, daher das korrosionsfreie Aluminium. Auch soll sie das Reinigen von Gläsern erübrigen, daher Rubbelglas und Glasbausteine. Auf die Schönheit kommt es nicht mehr an. Das war bis zum ersten Drittel des 20. Jahrhunderts anders. Da war die Haustür die Visitenkarte des Eigentümers und seiner Mieter, kündete sie von Bürgerstolz und Stilwillen.

Die Renaissance als Wiederbesinnung auf die Antike greift auch bei den Türen auf deren Vorbilder zurück, wie beim Vergleich von Andrea Palladios Bronzetüren von S. Giorgio Maggiore in

Abb. 1 und 2: Prachtvoll gestaltete Renaissancetür an der Landshuter Residenz (oben), zweckmäßige Haustür in Wiesbaden (rechts)

Wenn man die Fenster als die Augen eines Hauses bezeichnet, so sind die Türen der Mund. Sie können verschlossen sein oder einladend geöffnet, ernst oder heiter, schön oder häßlich. In unserer Zeit ist letzteres leider überwiegend der Fall, wie zum Beispiel bei diesem Haus in Wiesbaden (Abb. 2). Denn heute geht es oft nur um die Zweckmäßigkeit. Die

Venedig (Abb. 3, 1566–1610 entstanden) mit den antiken von S. Giovanni in Laterano in Rom (S. 59, Abb. 2) sofort zu erkennen ist. Die strenge Gliederung in rechteckige Felder verbindet beide Portale, Palladios Werk ist aber deutlich plastischer durch die stärkere Profilierung der gedrungeneren Felder, von denen er nur je eine Reihe pro Flügel anordnet.

Kirchentüren sind von feierlichem Ernst und abweisend, wenn sie verschlossen sind, um Vandalen abzuschrecken. Dagegen deuten die einst wohl zu der 1537–43 erbauten Stadtresidenz in Landshut gehörenden hölzernen Türflügel (Abb. 1) auf heitere Feste und Wohlhabenheit, vertreten auf dem linken Flügel durch Apoll mit der Lyra als Symbol der Musik, während Hermes auf der rechten Seite den Reichtum durch Handel verkörpert. Hermes hatte als Kind die Lyra erfunden, gab sie aber schließlich seinem Bruder Apoll für die Rinderherde, die er ihm zuvor gestohlen hatte. Deshalb gilt Hermes auch als der Gott der Diebe. Die Felder unter den Reliefs sind wohl auch zum Schutz gegen Beschädigungen plastisch verstärkt, nach unten wie bei Hermenpilastern verjüngt.

Herzogliche Bauherren können sich diesen Aufwand leisten, bürgerliche müssen bei den Baukosten sparsamer sein. Bei ihnen findet man im 16. Jahrhundert häufig die einfachen Fischgrätenmuster aus aufgedoppelten Bohlen, hier beim Haus Weingarten 22 in Quedlinburg (Abb. 4), erbaut 1597. Man findet in dieser Zeit auch auf die Spitze gestellte Quadrate, wie bei einem Mühlespiel ineinander gefügt. Dafür steht stellvertretend die im 16. Jahrhundert entstandene Tür der Feldsteinkirche im altmärkischen Welle (Abb. 5).

Abb. 3 und 4: S. Giorgio Maggiore in Venedig; Weingarten 22 in Quedlinburg.

Abb. 5 und 6: Kirche in Welle; Kirchstraße 59, Bad Sooden-Allendorf

Die hessische Fachwerkstadt Bad Sooden-Allendorf wurde 1637 von kroatischen Truppen niedergebrannt. Nur der Reichtum aus der Salzgewinnung machte es den Bürgern möglich, noch während des Dreißigjährigen Krieges ihre Häuser wieder aufzubauen, und das in prachtvollen Formen, wie hier 1642–44 beim Haus Kirchstraße 59 (Abb. 6). Es sind Formen aus der Steinarchitektur, die im Frühbarock auf den Fachwerkbau übertragen wurden, denn dieser kannte bis dahin keine Säulen und Giebeldreiecke. Ein Pilaster grenzt den schmalen Standflügel zur beweglichen Haustür ab, die Plastizität der ineinandergefügten Rechtecke ist noch wesentlich stärker als bei Palladios Tür in Venedig.

Wer sparen muss und dennoch einen gut gestalteten Eingang wünscht, greift auf Malerei zurück, so bei der ehemaligen reformierten Schule in Schmalkalden, Kirchhof 2 (Abb. 7), entstanden 1658. Die beiden unteren Reihen querrechteckiger Felder weisen – wohl als Prellschutz – stark plastische Elemente auf, darüber und am Rahmen sind die Rankenornamente aufgemalt. Sie erinnern an Malereien der Volkskunst auf Bauernschränken oder Truhen, auf Kanzeln oder Emporen in den thüringischen Dorfkirchen.

Die Nordtür der Nikolaikirche in Stralsund (Abb. 8) trägt das Ent-

Abb. 7 und 8: Reich bemalte Türe der ehemaligen reformierten Schule am Kirchhof 2 in Schmalkalden und mit plastischem Schmuck verzierte Tür an der Nikolaikirche in Stralsund.

Abb. 9: Am Fleischmarkt 2 in Bautzen stammen die Türflügel und das rahmende Steinwerk aus unterschiedlicher Zeit.

stehungsjahr 1701 und ist damit ein Werk das Hochbarock. Dafür sind die fleischigen Akanthusranken am Rahmen und – noch plastischer und brillanter hinterschnitzt – im Tympanon charakteristisch. Spielerisch tummeln sich die Putten im Laubwerk. Die Türflügel des Hauses Fleischmarkt 2 in Bautzen (Abb. 9) sind wohl kaum gleichzeitig mit dem rahmenden Steinwerk von 1670 entstanden. Zeigt dies in der Kartusche des gebrochenen Dreieckgiebels die für den Frühbarock typischen Ohrmuschelornamente, so kann das schmiedeeiserne Bandelwerk auf der Tür erst um 1710–30 gearbeitet worden sein, denn es ist das beliebte Schmuckmotiv des Hochbarock. Vielleicht war die Haustür von 1670 bei einem der großen Stadtbrände von 1709 oder 1720 vernichtet worden, und der Hausbesitzer wollte sich durch die eiserne Tür vor einem erneuten Übergreifen der Flammen schützen.

Auch beim Portal des Hauses Schlossfreiheit 4 (Abb. 10) in Tangermünde ist das steinerne Gewände fast zweihundert Jahre älter als die Türflügel, die man wegen der typischen Rokokoformen auf etwa 1750 zu datieren hat. Die Asymmetrie der Felder, die aus Voluten zusammengesetzten Einfassungen sind dafür ein wichtiges Indiz. In dieselbe Stilphase, wenn auch etwa 15 bis 20 Jahre später entstanden, gehören die virtuos geschnitzten Türflügel vom Palais Altenstein in Fulda (Abb. 11), bei denen man wohl von Anfang an auf einen Anstrich verzichtet hat, um die Rautengliederung der unteren Felder in der Art eines barocken Diagonalparketts zeigen zu können.

Schmuckformen und Proportionen spiegeln die Gestaltungsprinzipien der Epochen wieder. Prägt man sich die Entwicklung der Stilelemente auf den Türflügeln ein, kann man eine Haustür auf ein Vierteljahrhundert genau datieren und sieht genau, ob die Tür zum Haus passt oder nicht. Im nachfolgenden Beitrag finden Sie weitere Hinweise, damit Sie dies für alle Stilphasen bis in die dreißiger Jahre des 20. Jahrhunderts selbst ausprobieren können.

Abb. 10: Die Türflügel aus dem Rokoko am Portal des Hauses Schlossfreiheit 4 in Tangermünde sind 200 Jahre jünger als der steinerne Rahmen.

Abb. 11: Um am Palais Altenstein in Fulda die barocken Details der Holztüre sichtbar zu machen, wurde auf einen Anstrich verzichtet.

Wie sich in Haustüren das 19. und 20. Jahrhundert spiegeln

Die Kunst, die Zeit und die Türen

Die Zeit von der Französischen Revolution bis zur Mitte des 19. Jahrhunderts ist besonders reich an verschiedenartig gestalteten Haustüren. Es ist dies die Ära der bürgerlichen Baukunst, in der der Stolz der biedermeierlichen Eigentümer bei den im übrigen schlichten klassizistischen Fassaden zum Ausdruck kommt.

Die Tür im Haus Radbrunnen 15 in Hannoversch Münden (Abb. 2) trägt im oberen Oval des Rahmens das Datum 1794, ist also ein Beispiel für den Frühklassizismus, der im Reichtum und in der Plastizität der Formen noch Nachklänge des Barock aufweist. So erzeugen die Verzierungen in den Feldern die Illusion, die ovalen Lorbeerkränze in den Mittelfeldern und die Girlanden darunter seien tatsächlich an Schleifen und Haken aufgehängt und jederzeit abnehmbar.

Eine andere Tür in dem an Beispielen reichen Hannoversch Münden befindet sich am Haus Ritterstraße 3 (Abb. 3) und trägt im Oberlicht die Jahreszahl 1803. Die Gliederung der Felder ist jetzt vereinfacht, die Zierformen sind auf ein Minimum reduziert und flächig geworden. Sie entsprechen nun ganz dem Stilgefühl des Klassizismus. Ebenso wie das Portal der Einfahrt in das Schloss Wiesbaden (Abb. 4), das auf die Einteilung der Flügel antiker Türen mit ihrer klaren

Abb. 1: Die Tür in der Niederwaldstraße 6 in Wiesbaden ist geprägt durch florale Motive aus der Hochzeit des Jugendstils um 1905.

Rechteckstruktur zurückgreift – ganz im Sinn der Wiederaufnahme von Formen der römischen Baukunst.

Im ländlichen Raum hält sich die klassizistische Einfachheit noch bis in das dritte Viertel des 19. Jahrhunderts, wie man am Bauernhaus in Eibau (Oberlausitz, Abb. 5) aus dem Jahr 1862 beobachten kann. Eine neue plastische Bereicherung stellen jedoch die Schmuckfelder mit ihren Blattmasken in den unteren Feldern dar.

Zum Ende des 19. Jahrhunderts bemerkt man eine Belebung der plastischer werdenden Formen. Die Tür des Hauses Bungenstraße 18 in Stade (Abb. 6) entstand 1896. Man wendet sich jetzt von der Diktatur des Rechtecks ab und gestaltet das Oberlicht halbkreisförmig um eine Muschel, das Lieblingsmotiv der Renaissance. Auch bei den ovalen Hauptfeldern nimmt der plastische Schmuck zu. Bei Häusern des Späthistorismus (1880–1900) dominieren die

Abb. 2–4: Türen des Klassizismus vom Anfang des 19. Jahrhunderts

Abb. 5–7: Übergang zu plastischeren Formen in der zweiten Hälfte des 19. Jahrhunderts

*Abb. 8:
Florale Formen im schmiedeeisernen Jugendstilschmuck, Eltviller Straße in Wiesbaden*

*Abb. 9:
Mit vergoldeten Bändern und spannungsreicher Kombination rechteckiger und fließender Formen: Haus von Peter Behrens, Darmstadt, 1901*

der Türflügel und des Oberlichtes des Hauses Eltviller Straße 12 in Wiesbaden (Abb. 8) spürbar, doch ist hier der Kielbogen der Türbekrönung mit dem Datum 1901 noch dem Stilpluralismus des Späthistorismus zuzurechnen. Am Portalrahmen des Hauses Niederwaldstraße 6 in Wiesbaden (Abb. 1, S. 66) aus der Zeit um 1905 triumphiert der Jugendstil in jenen verschlungenen floralen Formen, die auch die ersten Hefte der Zeitschrift „Jugend" nach den Entwürfen von Fritz Erler zierten. Die Zeitschrift gab dieser internationalen Kunstrichtung in Deutschland ihren Namen, während sie in Frankreich l'art nouveau, in Spanien modernismo und in Österreich Sezessionsstil heißt. Kaiser Wilhelm II. hasste sie, da er sie mit den republikanischen Bestrebungen der aufmüpfigen Jugend gleichsetzte. Er hatte bei der Einweihung des Neuen Kurhauses in Wiesbaden 1907 seine Kritik an den Wandgemälden von Fritz Erler im Muschelsaal überdeutlich geäußert.

Dagegen strebte Großherzog Ernst Ludwig von Darmstadt eine repräsen-

Formen der Neorenaissance und des Neobarock, so am Haus An der Ringkirche 7 in Wiesbaden (Abb. 7). Dort findet man zwei kleinere Muschelaufsätze, Segmentbögen als oberen Abschluss der Hauptfelder und darunter Löwenköpfe und Voluten. In dieser Zeit liebt man besonders das Ätzglas, mit dem man die jetzt immer großflächiger werdenden Scheiben verziert. Die industrielle Produktion von Walzglas machte die Sprossenteilung von Türen und Fenstern überflüssig. Man wollte diese Möglichkeit nutzen, um die natürliche Belichtung der Treppenhäuser zu verstärken, ohne den Maßstab zu verletzen und auf eine Ausschmückung zu verzichten.

Der aufkeimende Jugendstil wird in dem floralen schmiedeeisernen Zierat

tative Monarchie nach dem Vorbild der englischen Heimat seiner Mutter an und wurde deshalb von Wilhelm II. als Sozialist unter den deutschen Fürsten bezeichnet. Er schuf auf der Mathildenhöhe in Darmstadt die wichtigste Künstlerkolonie des Jugendstils in Europa. Dieser kommt am 1901 von Peter Behrens für sich erbauten Wohnhaus in den vergoldeten Bändern und Fächern der Türflügel (Abb. 9) zum Ausdruck, zugleich ist im rechteckigen Abschluss der Flügel und im Gewände eine Rückkehr zu Rechteckformen des Klassizismus festzustellen, dem sich Peter Behrens ab 1910 verstärkt zuwandte.

Über den Neoklassizismus in der Zeit um den Ersten Weltkrieg gelangte die internationale Baukunst zur Neuen Sachlichkeit der zwanziger Jahre. Sie ist zum Beispiel bei Bruno Taut in seiner Siedlung „Onkel Toms Hütte" in Berlin-Zehlendorf (Abb. 10) 1926–28 verwirklicht. Die Sachlichkeit der schmucklosen Rechteckgliederung wird durch die kräftige schwarz-weiß-rote Farbigkeit der Haustür abgemildert, kommt jedoch bei der Römerstadt in Frankfurt von 1929 (Abb. 11) voll zur Wirkung. Die Haustür spiegelt die Absicht von Ernst May, mit sparsamen Mitteln kleine und preiswerte Wohnungen zu schaffen, bei denen die Zweckmäßigkeit die Schmuckfreudigkeit besiegt.

Ist hier immerhin in den Proportionen und Details noch die gestaltende Hand zu spüren, so wendet man sich in der zweiten Hälfte des 20. Jahrhunderts ganz der Nüchternheit von Fertigprodukten zu, und das sogar mit der Tür des Hauses Rüdesheimer Straße 23 in Wiesbaden, einem Bau des Jugendstils, wie an der Form des Oberlichts ablesbar ist (Abb. 12). Unsere Zeit hat mit ihrer Präferenz der Pflegeleichtigkeit und der Kostengünstigkeit kaum Beispiele für schöne Haustüren hervorgebracht, am ehesten noch bei aufwendigen Villen als Nachbildungen historischer Türflügel. Wenn man die Türen als den Mund des Hauses ansieht, so ist dieser in unserer Zeit fest verschlossen.

Abb. 10–12: Sachlichkeit mit unterschiedlicher ästhetischer Qualität der Form in den Türen des 20. Jahrhunderts

Eine kleine Kulturgeschichte der Wohnhausfenster

Augen nach innen und außen: die Fenster

Abb. 1:
In Küstengebieten werden Fenster nach außen geöffnet, damit sie vom Wind nicht aufgedrückt werden können.

Die Fenster sind die Augen eines Hauses, sie sind wesentlich für den Eindruck verantwortlich, den eine Fassade auf uns macht. Die Entwicklung ihrer Formen erfolgte immer parallel zur stilistischen wie auch zur technischen Entwicklung. Sakralbauten haben ihre eigene, sehr anspruchsvolle Gestaltung. In diesem Beitrag möchte ich Ihre Aufmerksamkeit nur auf die bürgerlichen Wohn- und Repräsentationsbauten lenken.

Im Zeitalter der Romanik hatten diese meist einfache Rundbogenfenster, in der Gotik überwog das Kreuzstockfenster, wie es zum Beispiel am Rathaus des hessischen Treysa (Abb. 2) vorkommt. Das große Rechteck wird durch ein Steinkreuz in zwei untere rechteckige und zwei obere quadratische Öffnungen geteilt. Der horizontale Kämpfer teilt das Fenster ungefähr im Verhältnis 2 : 1. Innerhalb des steinernen Kreuzes ermöglichen Holzrahmen das Öffnen der einzelnen Flügel, die hier mit rechteckigen Scheiben zwischen Bleisprossen geschlossen sind.

Ursprünglich muss man an ihrer Stelle Butzenscheiben annehmen, die heute nur noch selten zu finden sind, da ihre Herstellung kostspielig ist. Man kann sie beispielsweise noch aus der Glashütte im bayerischen Waldsassen beziehen und dort auch die althergebrachte Herstellung beobachten. Der Glasbläser formt mit seiner Flöte aus der flüssigen Glasmasse eine kleine Kugel, die er aufschneidet und auf einer ebenen Fläche zum Erkalten als flachen Kreis ablegt. Die Butzenscheiben sind nie ganz eben, sondern wie flache Linsen gewölbt (Abb. 3). Dadurch nehmen Butzenscheiben der Sonneneinstrahlung die Blendwirkung, ohne die Helligkeit zu mindern. In der Mitte erkennt man bei jeder Butze in dem Knubbel noch den Ansatz der Flöte. Man konnte im Mittelalter auch rechteckige oder rautenförmige Scheiben herstellen, die jedoch die Größe eines Handtellers nicht überschritten.

Das Kreuzstockfenster wurde bis ins 17. Jahrhundert verwendet, dann ersetzte man das Steinkreuz durch ein hölzernes, wie man am selben Rathaus in Treysa

Augen nach innen und außen: die Fenster

Abb. 2:
Typisch für die Gotik: Kreuzstockfenster wie hier am Rathaus von Treysa, Hessen

Abb. 3:
Im Mittelalter war die Fensterfläche mit Butzenscheiben gefüllt: Regensburger Rathaus.

(Abb. 4) ebenfalls feststellen kann. Dies war vor allem für den bürgerlichen Fachwerkbau erforderlich, bei dem man zunehmend Wert auf viel Licht legte, weil durch den Humanismus und die Buchdruckerkunst das Lesen immer beliebter wurde. Ein Beispiel dafür ist das Haus Kammerzell von 1589 in Straßburg (Abb. 5).

In der Barockzeit verbreiteten sich sechseckige Gläser in Bleisprossen nicht nur bei Schlössern und Kirchen, sondern sogar bei dörflichen Fachwerkbauten, wie das Beispiel aus dem hessischen Waldamorbach im Odenwald (Abb. 6) zeigt. Neu ist hier die T-Form der Fensterteilung in zwei hohe untere Flügel und einen oberen Querflügel. Damit der Wind nicht die großen Glasflächen der unteren Flügel aufdrückt, sind in deren Mitte sogenannte Windeisen angebracht, wie sie häufig auch bei Farbverglasungen von Kirchenfenstern vorkommen. An diesem bescheidenen, nur wenig genutzten Bauernhaus haben sich beim Schlafraum auf der Nordseite die Fenster des 18. Jahrhunderts mit allen Details im Original erhalten und damit heute einen großen Seltenheitswert, zumal in den vergangenen Jahrzehnten durch die Auswirkungen der Wärmeschutzverordnung Tausende originaler Fenster zugunsten von modernen

Abb. 4:
Am Rathaus von Treysa wurden Fensterkreuze später auch durch Holz ersetzt.

71

Was den Bauwerken ein Gesicht verleiht

Abb. 5 und 6: Haus Kammerzelle in Straßburg, T-Fenster und größere Glasscheiben beim Fachwerkhaus im hessischen Waldamorbach

Abb. 7: Kastenfenster im Propsteischloss von Fulda-Johannesberg

Thermopenscheiben vernichtet worden sind.

Dabei lässt sich die erwünschte Energieeinsparung auch unter Erhaltung der originalen Fenster erzielen, nämlich mit einem Kastenfenster, bei dem man hinter das alte Fenster in den kastenförmigen Rahmen ein zweites neues einfügt, wie man beim Roten Bau des Propsteischlosses von Fulda-Johannesberg (Abb. 7) am Durchschimmern der Sprossen erkennen kann. Bei diesen Fenstern von 1732 können die äußeren im Sommer herausgenommen werden, um das doppelte Putzen zu ersparen. An diesem Beispiel merkt man auch, dass in der Barockzeit der Kämpfer häufig in die Mitte des Fensters rückt, so dass sich vier annähernd gleiche Flügel ergeben.

Im Binnenland werden Fenster nach innen geöffnet, wodurch sie sich leichter putzen lassen. Im Küstengebiet schlägt man sie nach außen auf, damit der starke Wind sie nicht auf- sondern zudrückt. Die Fenster sitzen dann wie beim Haus Bäckerstraße 3 in Stade (Abb. 1, S. 70) bündig zur Ebene der Außenwand. An den durchschimmernden Sprossen liest man ab, dass man auch hier nachträglich Doppelfenster geschaffen hat, deren hintere nach innen aufgeschlagen werden. Geht man im Küstengebiet an den Erdgeschossen niedriger Häuser vorbei, sollte man achtgeben, um nicht mit dem Kopf gegen geöffnete Fensterflügel zu stoßen.

Im Zuge der fortschreitenden Industrialisierung mit dem Einsatz von Dampfmaschinen konnte man größere Scheiben als Walzglas herstellen.

Augen nach innen und außen: die Fenster

Abb. 8 und 9: Die Fensteraufteilung wird im Historismus und Jugendstil immer größer und vielfätiger wie im Haus Rheinstraße 109 und Rüdesheimer Straße 21 in Wiesbaden.

So wird die Aufteilung der Fenster im Zeitalter von Historismus und Jugendstil immer großflächiger. Es setzt sich zunächst der sogenannte „Berliner Galgen" durch, dessen T-Form schon einmal in Waldamorbach (Abb. 6) vorkam, jetzt aber keine Bleisprossen, sondern große Scheiben aus Walzglas enthält, so beim Haus Rheinstraße 109 in Wiesbaden aus der Zeit um 1890 (Abb. 8). Der Jugendstil wählt neue Fensterteilungen, um noch größere Glasflächen zu ermöglichen. Beim Haus Rüdesheimer Straße 21 in Wiesbaden (Abb. 9) aus den ersten Jahren des 20. Jahrhunderts entstanden durch einen zweiten senkrechten Pfosten sechs Fensterflügel, von denen vier noch die originalen Farbverglasungen in Bleisprossen besitzen, wie sie im Jugendstil häufig zu finden sind.

Der Internationale Stil der zwanziger Jahre führte das querrechteckige Fenster ein und verzichtete auf jegliche Sprossenteilung, bereits 1927 am Haus Herzogsweg 4 in Wiesbaden (Abb. 10). Was hier aus künstlerischen Gründen gewollt und der neuen Architektursprache gemäß war, wurde leider zur Unsitte bei historischen Bauten, wie beim rechten Haus in Osterode/Harz (Abb. 11), das uns aus toten Augen anstarrt.

Abb. 10 und 11: Verzicht auf Sprosseneinteilung im 20. Jahrhundert wie im Herzogsweg 4 in Wiesbaden und in Osterode/Harz

Zwerchhäuser, Erker und Fledermausgauben

Über deutschen Dächern

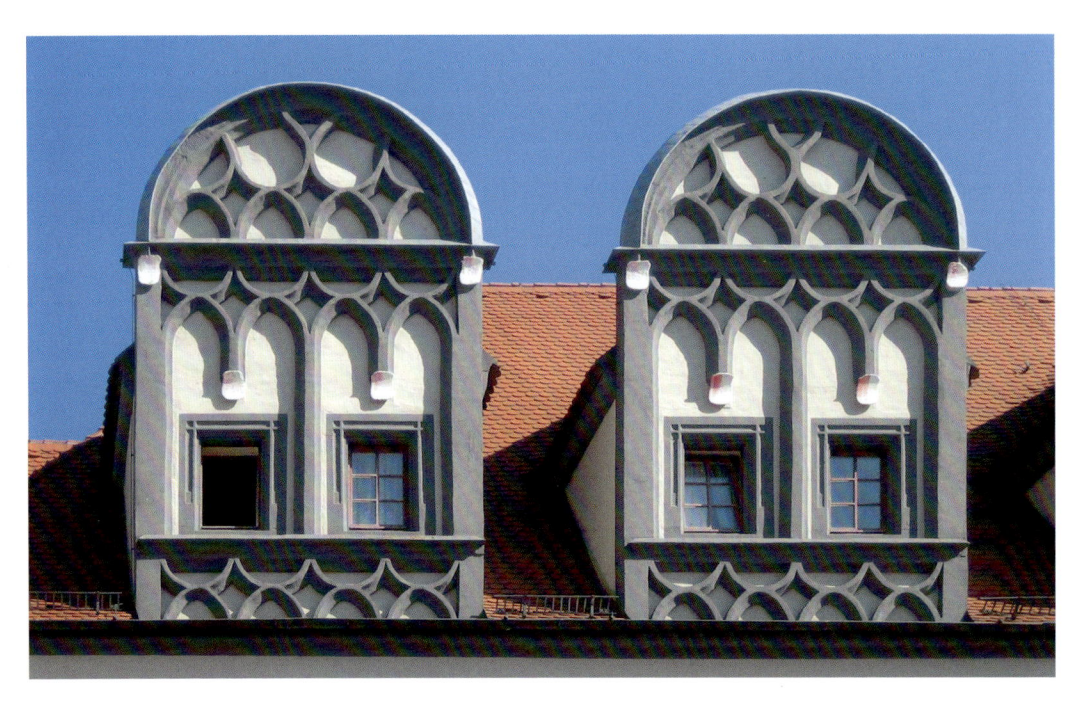

Abb. 1:
Lukarnen zur Belichtung des Dachgeschosses an einem Naumburger Bürgerhaus

Um Dachräume besser nutzen zu können, entstanden besondere Fensterformen. In der gotischen Westfassade der ehemaligen Franziskanerkirche am Obermarkt in Görlitz (Abb. 2) erkennt man drei Luken, über der linken unteren einen herausragenden Baum mit einer Rolle, über die einst das Seil eines Lastenaufzugs lief. Man fragt sich zunächst, was eine derartige, für Speicher übliche Vorrichtung an einer Kirche zu suchen hat. Wenn man aber erfährt, dass die großen Kirchenböden mit ihrer trockenen Luft als Warenlager dienten, wird der Zweck der Zugvorrichtung verständlich. Diese Dachluken mit Zugvorrichtung kennt man eher von mittelalterlichen Kaufmanns- und Speicherhäusern wie zum Beispiel die Salzspeicher in Lübeck (Abb. 4), weil die meist mehrstöckigen steilen Dächer als Warenlager genutzt wurden.

Bei der 1449–86 erbauten Frauenkirche in Görlitz (Abb. 3) gibt es am Polygon des Chores sogar einen Dacherker, der sich auf drei Konsolen über dem Gesims erhebt und über der Luke den Baum eines Aufzugs zeigt. Als Dacherker bezeichnet man feste, aus Stein errichtete Ausbauten im unteren Dachbereich, die auf der Mauerkrone stehen. Sie gleichen den Lukarnen, wie

Über deutschen Dächern

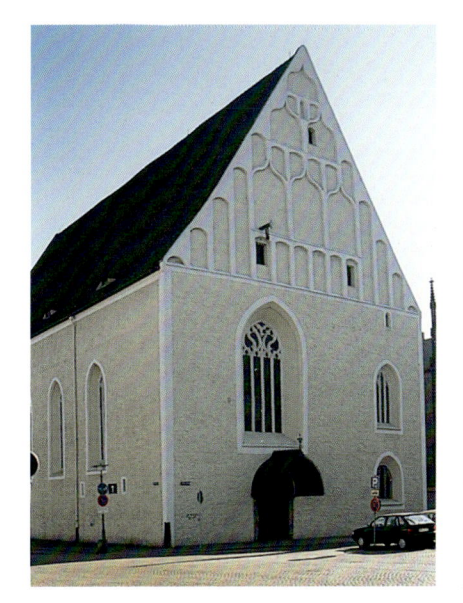

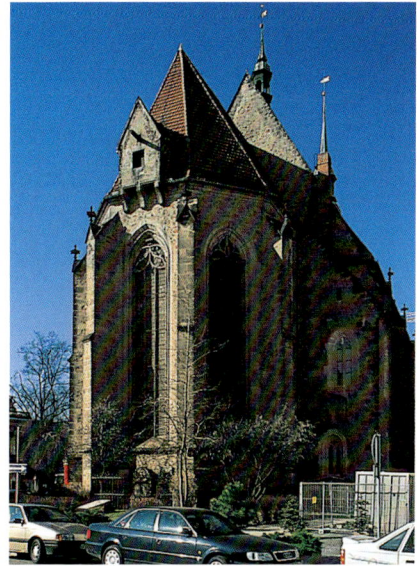

Abb. 2 und 3: Franziskaner- und Frauenkirche in Görlitz mit Dachluke und Erker (rechts)

sie in Naumburg bei einem Bürgerhaus (Abb. 1), ferner auch am Rathaus und anderen Bauten am Marktplatz vorkommen. Diese dienen der Belichtung von Räumen im Dachgeschoss und sind ein besonders beliebtes Motiv der französischen Renaissance-Schlösser an der Loire.

Im Barock zog man gern den Mittelteil einer Fassade vor, man nennt dies einen Mittelrisalit, wie er beim Schloss Fasanerie in Wiesbaden (Abb. 5) vorhanden ist, bekrönt von einem mittleren Dachausbau als Fortsetzung der Wand und in Höhe eines Geschosses. Auf diese Weise gewann man im Dachgeschoss

Abb. 4: Salzspeicher an der Trave in Lübeck mit Dachluke

75

Abb. 5 und 6: Schloss Fasanerie in Wiesbaden (oben) und die Ortenburg in Bautzen

Zwerchhaus, wie es zum Beispiel 1698 an der Ortenburg in Bautzen (Abb. 6) errichtet wurde. Der Fachausdruck leitet sich von dem mittelhochdeutschen Wort zwerch (= quer) ab, der auch in der Bezeichnung Zwerchfell weiterlebt.

Die bisher behandelten Arten steinerner Dachausbauten, nämlich Dacherker, Lukarnen und Zwerchhäuser, darf man nicht mit den Gauben (auch Gaupen geschrieben) verwechseln. Diese sind Teil des Dachstuhls und bestehen deshalb aus Holz. Es gibt mehrere Arten von Gauben, zum einen die Walmgaube, wie sie der Dom in Bautzen (Abb. 7) im Dach über dem katholischen Chor aufweist. Es handelt sich hier um Standgauben, bei denen das kleine querstehende Satteldach an der Vorderseite abgewalmt ist. Auch über dem evangelischen Langhaus des seit der Reformation als Simultankirche dienenden Domes befinden sich Standgauben, jedoch in der häufiger anzutreffenden Form.

An der sogenannten Zeile, die den Marktplatz von Görlitz (Abb. 8) teilt, hat das mittlere Haus ebenfalls Standgauben, die den Vorteil eines relativ hohen Fensters haben, dafür aber in den seitlichen Anschlüssen an das Dach eine Schwachstelle aufweisen. In dieser Hinsicht sind die Schleppgauben am Haus links daneben technisch besser, da einfach das große Dach abgeschleppt wird. Dafür sind hier aber die Fenster deutlich kleiner. Macht man sie größer und dehnt die Schleppgaube auf die ganze Breite des Daches aus, um ein Vollgeschoss zu kaschieren, führt die Schleppgaube zu einer Entstellung historischer Bauten.

Das rechte Haus in der Zeile von Görlitz, einst die Stadtwaage, besitzt die wohl schönste Form der Gauben, die

ein vollwertiges Zimmer mit gerader Fensterwand. Das bekrönende Giebeldreieck nennt man Frontispiz.

Erreicht ein steinerner Dachausbau mit seinem Querdach die Höhe des Hauptdaches, spricht man von einem

Fledermausgaube. In ihrer elegant geschwungenen Gestalt ermöglicht sie die Belichtung des Dachraumes, ohne die Großzügigkeit des Daches zu zerstören. Die ähnliche, jedoch langgezogene Form heißt Hechtsgaube. Sie ist besonders häufig in Bautzen (Abb. 9) zu finden, am Markt in bis zu drei Reihen übereinander. Sie halfen, den meist ungeteilten Dachraum zu belichten und vor allem zu belüften und konnten deshalb niedrig gehalten werden. Da man heute den Dachraum aus finanziellen Gründen zu Wohnzwecken ausbaut, müssen die Fenster wegen der feuerpolizeilichen Vorschriften so hoch sein, dass ein Erwachsener hindurchklettern kann. Dann kann die Hechtsgaube allerdings zu einer optischen Beeinträchtigung werden.

Angesichts von mehr als einer Million leerstehender Wohnungen allein in den östlichen Bundesländern sollte man keine Fördergelder mehr für den Ausbau von Dachgeschossen bereitstellen.

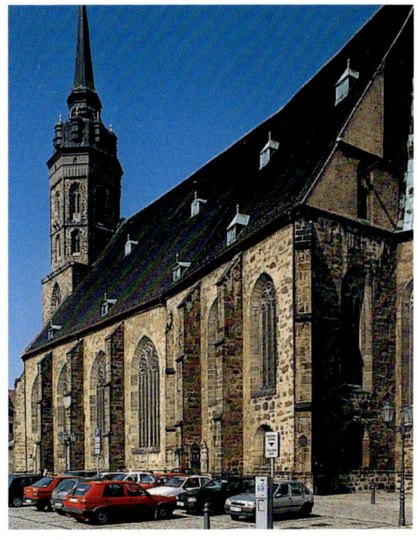

Abb. 7: Dachgauben am Dom in Bautzen

Dadurch würde nicht allein die historische Dachlandschaft in ihrer Schönheit erhalten bleiben, sondern auch die Brandgefahr reduziert, die in sehr vielen Fällen von den Dachwohnungen ausgeht. Auch bleibt dann der Vorteil des Steildaches gegenüber dem Flachdach

Abb. 8: Schleppgauben (links), Standgauben (mitte) und Fledermausgauben (rechts) finden sich in den Dächern am Görlitzer Marktplatz.

Abb. 9:
Die Fledermausgaube, auch Hechtsgaube genannt, ist in Bautzen häufig zu sehen.

erhalten, weil man jede undichte Stelle sofort lokalisieren und beseitigen kann, während dies beim totalen Dachausbau mit den Wand- und Deckenverkleidungen zum Wärmeschutz nicht mehr möglich ist.

Es konnten hier wegen der Begrenzung des Textumfangs nicht alle Sonderarten von Gauben behandelt werden.

So gibt es zum Beispiel bei den Standgauben viele Varianten, zwei davon sind bei einem Bürgerhaus am Marktplatz von Naumburg (Abb. 10) zu sehen: bogenförmige und dreieckige Abschlüsse, sowie oben die im Barock beliebten Ochsenaugen als Fenster, die unten in einfacher Segmentbogenform gehalten sind.

Abb. 10:
An dem Naumburger Bürgerhaus befinden sich in der oberen Reihe Ochsenaugen, darunter Fenster in Segmentbogenform.

Wie aus Häusern eine Stadt wird

Die historische Stadt ist das wohl komplexeste Denkmal. Nicht von ungefähr rückte in den vergangenen 30 Jahren der städtebauliche Denkmalschutz stärker ins Blickfeld: Wir leben in einem Jahrhundert der Stadtentwicklung. Städte sind alles andere als statisch, viele Funktionen für viele Menschen stehen in Wechselbeziehung zueinander – Wohnen, Arbeiten, Produzieren, Einkaufen, Verwalten, Kultur, Erholung – und das in den unterschiedlichsten Konstellationen von Personengruppen. Der Blick auf die Stadt ist ein Blick auf alle Disziplinen der Geschichte, auf alle Facetten der Gesellschaft. Wie kann man also sehen lernen, wenn man mitten drin steht? Für Städte – historische wie moderne – gilt: Der Stadtgrundriss ist ein erster wichtiger Schlüssel zur Geschichte einer Stadt, er zeigt die Gewichtung und die Beziehungen der städtischen Funktionen zueinander.

Die Zähringer und ihre Städte

Als die Straßen verkaufen lernten

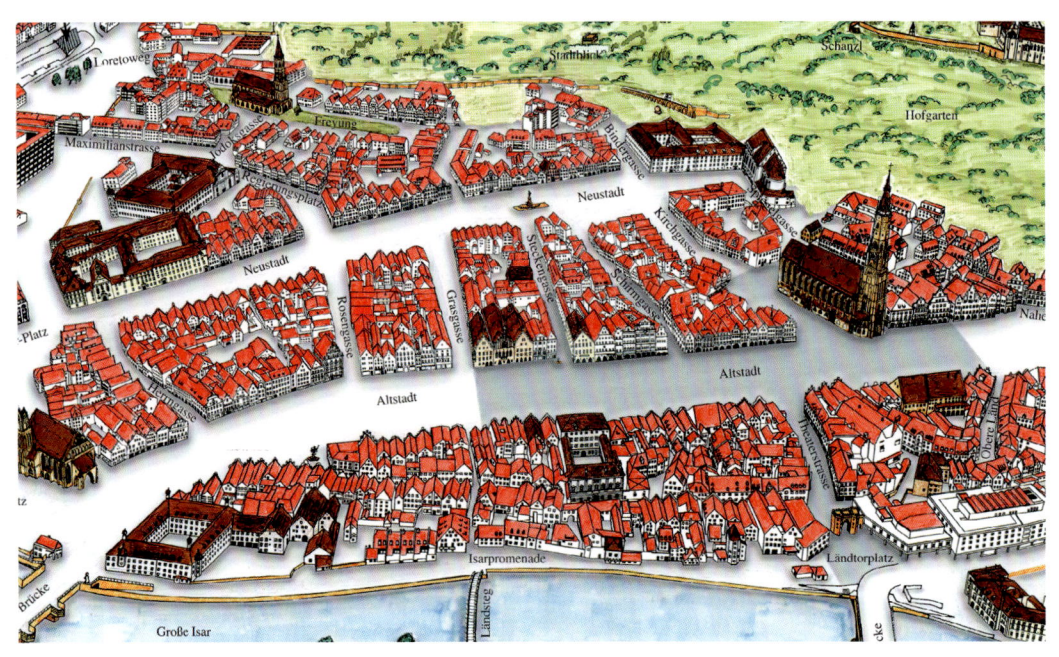

Abb. 1: Marktstraßen, wie hier in Landshut, boten und bieten vielen Kaufleuten Verkaufsraum in guter Lage; vgl. Abb. 9, 10 sowie S. 84, Abb. 1.

Viele deutsche Städte wurden im 12. und 13. Jahrhundert von den Territorialherren neu und planmäßig angelegt. Der Anlass war einerseits der Wunsch der Fernhandelskaufleute, sich niederzulassen, andererseits das Streben der Territorialherren nach festen Geldquellen aus Zöllen und Steuern.

Vor der Ausweitung des Handels bis in den Vorderen Orient durch die Kreuzzüge übten die Fernhandelskaufleute ihr Gewerbe im Umherreisen von Markt zu Markt aus. Es waren diese vorübergehend genutzten Plätze, die sogenannten Wieken, aus denen sich unter anderen die Städtenamen Bardowick (früher auch Bardowiek geschrieben), Schleswig, Braunschweig ableiten. Ferner waren volkreiche kirchliche Feste der Anlass, Marktstände vor den Kirchen zu errichten. Man zog nach Frankfurt am Main zur Messe im Dom, woraus sich die Doppelbedeutung des Wortes für eine kultische Handlung und eine Verkaufsveranstaltung entwickelt hat.

Sehr früh betreiben die Herzöge von Zähringen im südwestlichen Baden eine systematische Siedlungspolitik durch die Gründung planmäßig angelegter Städte, deren Eigenart es ist, statt des sonst üblichen Marktplatzes eine Marktstraße zu besitzen. Sie hat den Vorteil, einer größeren Zahl von Kaufleuten eine erstklassige Verkaufslage bieten zu können, als dies bei den zunächst recht kleinen Marktplätzen der ebenfalls im 12. Jahrhundert gegründeten Städte, wie zum Beispiel Melsungen, möglich war.

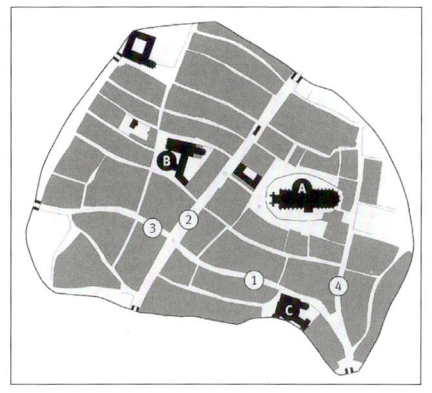

Freiburg im Breisgau wurde bereits um 1100 geplant, ist also eine der ältesten Zähringer-Städte. Die von Südwesten nach Nordosten quer durch die Stadt verlaufende breite Marktstraße, die Kaiser-Joseph-Straße (Abb. 2, ②), wurde 1120 abgesteckt. Charakteristisch für die Zähringer-Städte ist die abseitige Lage des Münsters als Hauptpfarrkirche der Stadt auf dem Kirchhof, der aus der Blockstruktur ausgespart wurde. Wegen der obligatorischen Ausrichtung des Chores nach Osten nimmt das Münster keine Beziehung zum Straßennetz auf.

Sein großartiger Turm liegt auch nicht in der Sichtachse einer Straße. Der über der niedrigen Bürgerhausbebauung aufragende Sakralbau dominiert allein durch seine überirdische Monumentalität. Leider wurde die Altstadt 1944 weitgehend zerstört. Da man jedoch beim Wiederaufbau den Stadtgrundriss unverändert ließ, die Neubauten im Maßstab und Baumaterial den wenigen, in der Fassade erhaltenen Baudenkmalen anpasste (Abb. 3), hat man das Gefühl, unveränderte historische Straßenräume zu durchschreiten. Dazu trägt auch eine berühmte Besonderheit Freiburgs bei: Die „Bächle" (Abb. 4) wurden bereits um 1170 getrennt vom Trinkwasser als Brauchwasser für das Handwerk und die Viehhaltung angelegt und durchfließen

Abb. 2–4: Die Kaiser-Joseph-Straße in Freiburg im Breisgau, eine der ältesten Zähringer-Städte, war als Straßenmarkt angelegt. Aus dem Mittelalter stammen auch die „Bächle".

Abb. 5 und 6: Rottweil, ebenfalls eine Zähringer-Stadt, besitzt zwei sich kreuzende Marktstraßen.

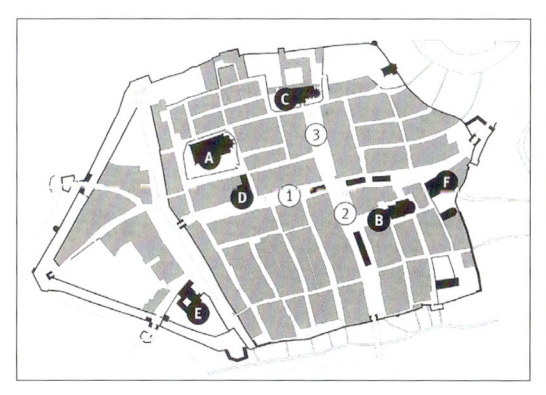

Abb. 7 und 8:
In Friedberg in Hessen, einer Staufergründung, dominiert die breite Kaiserstraße. Die Kirche liegt, wie in den Zähringer-Städten, abseits.

bis heute die Straßen, ohne eine Gefahrenquelle für Fußgänger oder Radfahrer zu sein. Zum historischen Flair gehört auch die sorgfältige Pflasterung, auf den Gehsteigen mit Flusskieseln.

In einigen der Zähringer-Städte kommt auch ein Kreuz aus zwei Marktstraßen vor, so in Villingen und in Rottweil. Auch im letzteren (Abb. 5) liegen die Kirchen abseits der beiden Marktstraßen (① Hauptstraße, ② u. ③ Hochbrücktorstraße), ihre Ausrichtung nach Osten kollidiert aber nicht wie in Freiburg mit dem Verlauf der Straßen, wohl, weil der Verlauf des abfallenden Geländes günstiger war. Stadtbrände im 18. und 19. Jahrhundert bewirkten eine Änderung des mittelalterlichen Erscheinungsbildes in Rottweil (Abb. 6), wenngleich noch 52 Bürgerhäuser aus dem 13. bis 15. Jahrhundert zwischen den Neubauten des 18. bis 20. Jahrhunderts zu finden sind. Auch sie sind bereits traufenständig, obwohl die schmalen Parzellen eher auf giebelständige Häuser schließen lassen. Für die Dachentwässerung ist die Ausrichtung des Hauses mit der Traufe zur Straße günstiger. Das war vielleicht der Grund, warum im Unterschied zu allen anderen mittelalterlichen Städten Deutschlands im schnee- und regenreichen Harzraum von Anfang an traufenständig gebaut wurde.

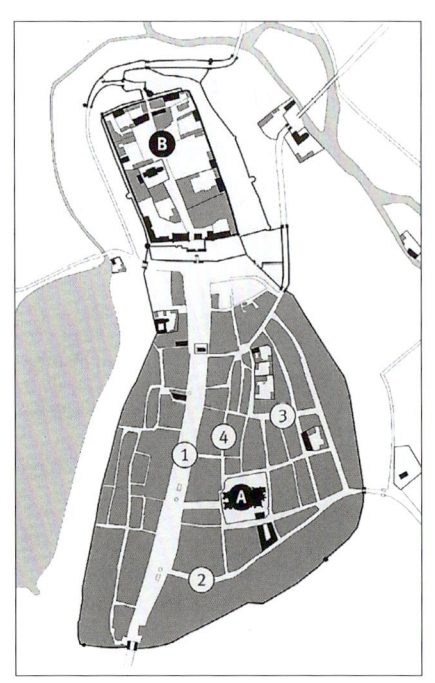

Unter den im 12. und 13. Jahrhundert auf dem Gebiet des heutigen Bundeslandes Hessen planmäßig gegründeten Städten fällt Friedberg (Abb. 7 und 8) ganz heraus, denn es hat mit der breiten Kaiserstraße (Nr. 1) einen Straßenmarkt, der leicht gekrümmt die gesamte Altstadt auf einem Höhenrücken von Süd- nach Nordwesten durchquert und an der Reichsburg (B) endet. Die Stadtkirche (A) liegt hier ebenfalls abseits, weicht in ihrer Ausrichtung nur leicht vom Straßennetz ab. Die Bürgerhäuser waren einst giebelständig, durch Zusammenlegung mehrerer Parzellen schuf man in nachmittelalterlicher Zeit Traufenhäuser. Die Gründung von Friedberg um 1170 geht auf die Initiative von Kaiser Friedrich I. Barbarossa im Zuge der Anlage mehrerer Burgen und Städte zur Sicherung der fruchtbaren Wetterau für die Reichspolitik zurück. Das Geschlecht der Hohenstaufen stammt von der gleichnamigen Burg in Württemberg ab, das könnte die Verwendung des Zähringer Grundrisses erklären.

Was allerdings den bayerischen Herzog Ludwig den Kelheimer veranlasste, zwei der von ihm gegründeten Städte mit einem Straßenmarkt auszustatten, ist schwer zu erklären. Jedenfalls ist das 1204 geplante Landshut (Abb. 9) das wohl eindrucksvollste Beispiel für diesen Stadttyp. Bei der Betrachtung des Grundrisses muss man jedoch bedenken, dass er den Endzustand nach vier Phasen der Erweiterung bis in die Mitte des 14. Jahrhunderts hinein wiedergibt. Zur ursprünglichen Planung gehört nur der westliche, Altstadt genannte Straßenmarkt mit den anschließenden Seitenstraßen. Diese wurden in der zweiten Hälfte des 13. Jahrhunderts zur Neustadt – dem östlichen Straßenmarkt – hin verlängert. Dieser ist jetzt schnurgerade angelegt und folgt damit dem allgemeinen Trend im mittelalterlichen Städtebau zur zunehmenden Geometrisierung der Stadtgrundrisse am Ende des 13. Jahrhunderts. Die Krümmung der Altstadt (Abb. 1, S. 80, und Abb. 10) dagegen entspricht den Planungskonzepten des 12. und frühen 13. Jahrhunderts zur Schaffung geschlossener Räume. Die Hauptpfarrkirche St. Martin ist in Landshut dicht an den Straßenmarkt herangerückt. Wenn ihr Turm zum ersten Mal in der Geschichte des mittelalterlichen Kirchenbaues in die Sichtachse der Altstadt rückt (Abb. 10), so muss man bedenken, dass die Kirche ursprünglich wohl nicht so lang geplant war und der Turm erst um die Mitte des 15. Jahrhunderts erbaut worden ist.

Im 1218 ebenfalls von Herzog Ludwig dem Kelheimer planmäßig angelegten Straubing liegt die Pfarrkirche St. Jakob wie üblich abseits des Straßenmarkts. Dieser erhielt jedoch mit dem stattlichen, ab 1316 errichteten Stadtturm (Abb. 11) einen völlig neuen Akzent. Erhoben sich bis dahin nur die Sakralbauten mit ihren Türmen in einem monumentalen Maßstab über das gleichmäßige Meer der niedrigen Bürgerbauten, macht sich nun im Zuge einer zunehmenden Säkularisierung des Städtebaus verstärkt der Bürgerstolz bemerkbar. Architektur und Städtebau waren vom frühen Mittelalter bis heute – oft unbewusst – der untrügliche Spiegel für die tatsächlichen Bestrebungen in der Gesellschaft, man denke nur an die häufig völlig falsch platzierten Hochhäuser unserer Zeit.

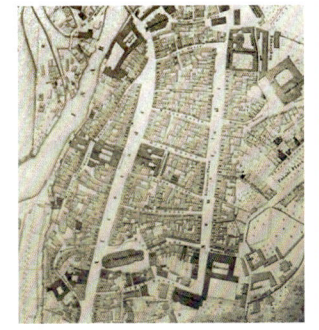

Abb. 9 und 10: Das bayerische Landshut mit den beiden Straßenmarkt-Achsen Alt- und Neustadt – die Martinskirche rückte erst später in die Sichtachse der Straße.

Abb. 11: Der Straßenmarkt von Straubing erhielt 100 Jahre nach seiner Entstehung mit dem Stadtturm einen weltlichen Akzent, der mit dem abseits liegenden Kirchturm konkurriert.

Wie der Zug zum Licht die Häuserlandschaft veränderte

Von traufen- und giebelständigen Häusern

Abb. 1:
Die giebelständigen Häuser in Landshut ergeben ein lebendiges Straßenbild.

Die mittelalterlichen Städte Deutschlands haben überwiegend die giebelständige Bauweise gewählt, das heißt, die schmalen, dafür aber sehr tiefen Häuser stehen mit dem Giebel zur Straße. Dies ergibt, wie man an der Altstadt von Landshut (Abb. 1) erkennen kann, ein sehr lebendiges, in der Dachzone malerisch bewegtes Straßenbild.

Von dieser allgemein bis zum Ende des Mittelalters üblichen städtebaulichen Gruppierung weichen jedoch die Städte im und rings um den Harz ab und stellen die Häuser mit der Breitseite – also mit der Dachtraufe – zur Straße. So ist es in Braunschweig, Goslar, Quedlinburg und vielen anderen Städten bis herunter in den Süden Niedersachsens nach Hannoversch Münden und Göttingen (Abb. 2). Und dies war von Anfang an so, wie das Haus Rote Straße 25 (Abb. 3) in Göttingen beweist, das durch die Altersbestimmung des Bauholzes mit Hilfe der Jahresringe auf 1276 datiert werden konnte.

Die giebelständige Bauweise hatte den Vorteil, dass man die kostbaren Grundflächen an den Marktplätzen und

Von traufen- und giebelständigen Häusern

Abb. 2 und 3: Traufenständige Bauweise herrscht im Harzraum vor, z.B. in Göttingen.

wichtigsten Straßen in doppelt so viele, allerdings sehr schmale Parzellen aufteilen konnte. Der Nachteil ist, dass die weit in die Tiefe reichenden Häuser nur durch Fenster an der schmalen Fassade und an der – häufig noch durch ein Hinterhaus verbauten – Rückfront Licht erhalten. Auch ist ein Giebelhaus innen schwer zu erschließen, weil bei der beschränkten Breite ein mittlerer Flur nur kleine, zum Teil fensterlose Seitenräume zulässt, wie der Grundriss des Bürgermeister-Hintze-Hauses in Stade (Abb. 4) zeigt.

Es wurde 1621 am Wasser West 23 erbaut und hatte damals wie wohl die meisten der historischen Handelshäuser aus der Zeit vor dem Dreißigjährigen Krieg im Erdgeschoss eine einzige große Halle, in der sich das ganze Leben abspielte. Erst als man im Barock die Wohnnutzung mit einer differenzierten Aufteilung der Einzelräume entsprechend ihrer Funktion bevorzugte, wurden die dünnen Zwischenwände nachträglich eingefügt.

Den schmalen rückwärtigen Anbau nennt man in den Hansestädten an der Ostsee Kemladen, was sich von der Kemenate ableiten lässt, dem massiven hinteren Anbau, den man im Unterschied zu den stark feuergefährdeten Fachwerk-

Abb. 4: Giebelständiges Haus in Stade mit der großen Diele, die das gesamte Erdgeschoss durchzieht.

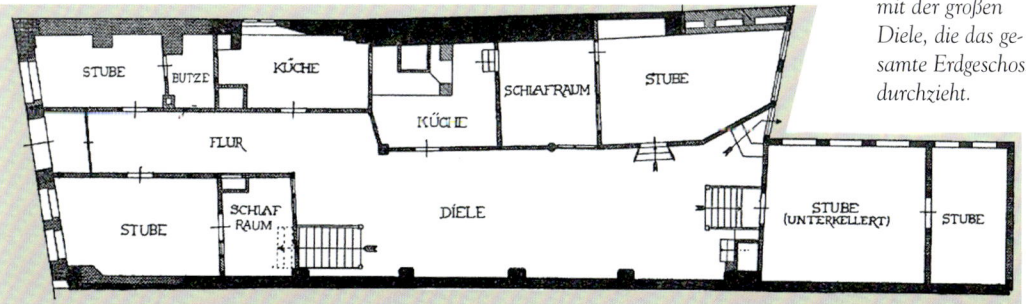

85

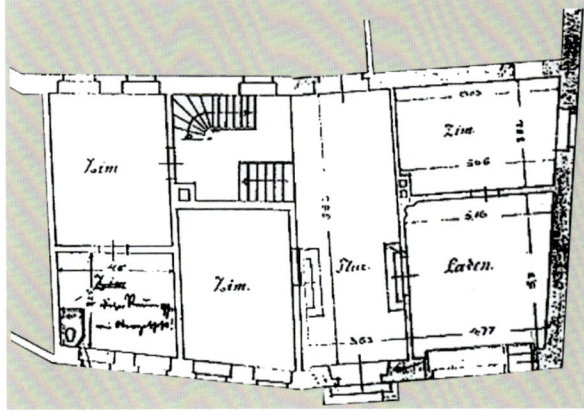

Abb. 5 und 6: Traufenständiges Haus in Quedlinburg mit mehr Lichteinfall über die Breite der Straßenfront (Foto: 1994)

bauten heizen konnte und deshalb den Frauen und Kindern überließ.

In traufenständige Häuser fällt mehr Licht, da man an der gesamten Breitseite zur Straße und nach hinten Fenster anordnen kann, wie das Haus Lange Gasse 26a in Quedlinburg (Abb. 5) demonstriert. Sein Grundriss (Abb. 6) lässt die sehr viel leichtere Erschließung der einzelnen Räume durch den Mittelflur erkennen, von dem aus auch die Treppe in das Obergeschoss führt. Diese Vorzüge der traufenständigen Bauweise für die Wohnnutzung waren auch der Grund, warum man vom späten 17. Jahrhundert an vielfach zwei oder mehr schmale Giebelhäuser abbrach und an ihrer Stelle ein breites Traufenhaus errichtete. Die traufenständige Bauweise hat auch den Vorteil, die zwischen den Satteldächern der Giebelhäuser liegenden Schluchten zu vermeiden, in denen sich Schneemassen sammeln und beim Auftauen durch undichte Stellen Wasser in den Dachraum einsickern kann. Vielleicht ist dies der Grund, warum man in dem klimatisch rauhen Harz und seinem Umland von Anfang an die traufenständige Bauweise bevorzugte.

Bei den giebelständigen Handelshäusern an der Ostseeküste hat man in der Gotik einen besonderen Haustyp entwickelt, das Hausbaumhaus. So wird auch das Haus Wokrenter Straße 40 in Rostock (Abb. 7) genannt, das die Deutsche Stiftung Denkmalschutz von der Stadt im Rahmen eines langfristigen Pachtvertrages übernommen hat.

Die Straßenfront zeigt den für die Erbauungszeit um 1380 typischen Treppengiebel, die Rückfront (Abb. 8) den – modern ersetzten – Kemladen. So erhielt die einst große Halle im Erdgeschoß (Abb. 10) nur sehr wenig Licht. Auch hier baute man im Barock nachträglich Wände, Galerien und Treppen ein, um Einzelräume zu erhalten. In der Bildmitte erkennt man aber noch den einst freistehenden Hausbaum, der den Längsunterzug trägt. Dieser war zur Unterstützung der quergespannten Deckenbalken erforderlich, um sie vor dem Durchbiegen bei einer so großen Spannweite zu bewahren. Damit der Längsunterzug seitlich vom Hausbaum nicht durchbiegt, hat man breite Kopfbänder eingefügt und ein Sattelholz unterlegt.

Die Hauptlast der gesamten Decke aber trägt der Hausbaum, der bis zum Fußboden des Kellers herabreicht, und

Von traufen- und giebelständigen Häusern

Abb. 7–9:
Ein besonderer Typ des Giebelhauses, das Hausbaumhaus. Wie hier in Rostock bildet ein durchgehender Baumstamm das Rückgrat der Konstruktion.
Links und Mitte: Straßen- und Rück-Fassade
Rechts: Gründung des Hausbaums auf einem Granitfindling.

dort auf einem großen Granitfindling ruht (Abb. 9). Er wurde um 180 Grad gegenüber seinem Wuchs gedreht, um eine Astgabelung zu nutzen und ihn immer dann hoch zu keilen, wenn die Deckenkonstruktion wegen der großen Lasten im oberen Lagergeschoß nachgegeben hatte. Deutlich sind die kleinen, nachträglich untergeschobenen Feldsteine zu sehen. Man kann nur staunen, mit welch einfachen, aber doch wirkungsvollen Mitteln einer angewandten, auf Erfahrung und nicht auf Berechnungen fußenden Mechanik die gotischen Baumeister statische Probleme lösten, ebenso wirkungsvoll wie haltbar und schön.

Abb. 10:
Blick in die Diele und auf den einst freistehenden Hausbaum.

Laubengänge in Italien, Böhmen und Deutschland

Kolonnaden für Flaneure

Abb. 1: Laubengänge am Prinzipalmarkt in Münster, ursprünglich wohl die ältesten Lauben nördlich der Alpen

Unter den Städten Norddeutschlands weist Münster in Westfalen eine Besonderheit auf: die Lauben am Prinzipalmarkt (Abb. 1). Unser Bild zeigt sie im Zustand des Wiederaufbaus nach der weitgehenden Zerstörung im Zweiten Weltkrieg. Dabei wurden die alten, schmalen Parzellen und die Lauben beibehalten beziehungsweise rekonstruiert, die Giebelfronten frei nachgebildet. Als neuer Markt entstand er nach 1150, den Namen Prinzipalmarkt erhielt er etwa 1600.

Nördlich der Alpen dürften dies die ältesten Lauben gewesen sein, und man wundert sich, dass bei unserem regnerischen Klima nicht mehr mittelalterliche Städte auf den Gedanken gekommen sind, Lauben zum Schutz der flanierenden Käufer anzulegen. Die größte Verbreitung haben diese im Alpenraum, zum Beispiel in den Südtiroler Städten Bozen und Brixen, wo bereits die Straßennamen Laubengasse und Große beziehungsweise Kleine Lauben auf dieses Architekturmotiv hinweisen. Brixen wurde schon früh unter den Bischöfen Heriward und Hartwig (1017–39) planmäßig angelegt, gehört demnach zu den ältesten Städten im deutschen Sprachraum. Der regelmäßig-rechteckige Siedlungskern deutet darauf hin, dass Brixen eventuell über einer römischen Civitas entstanden ist.

Das würde auch die Verwendung von Lauben erklären, denn die Fußwege der Ladenstraßen griechischer und römischer Städte erhielten zum Schutz der Passanten Kolonnaden, wie sie in Herculaneum (Abb. 2) ausgegraben wurden. Diese Stadt, die im August des Jahres 79 nach Christus beim Ausbruch des Vesuvs von bis zu 20 Meter hohen Schlamm-Massen verschüttet wurde, hatte sich unter Luftabschluss besonders gut erhalten.

Gedeckte Gänge mit bogenförmigen Öffnungen oder Nischen in Ladenstraßen zeigt auch der Markt im 107–143 nach Christus erbauten Trajansforum von Rom (Abb. 3). Hier und in den Marktstraßen römischer Städte wie Herculaneum könnten die Wurzeln für das Motiv der Lauben

Abb. 2: Kolonnaden im antiken Herculaneum

Abb. 3: Gedeckte Gänge am Trajansforum in Rom

Abb. 4: Mittelalterliche Laubengänge in Landshut

mittelalterlicher Straßen und Plätze liegen.

Zu den ältesten gehören die an der Altstadt genannten Straße von Landshut, wie sie gleich nach der Stadtgründung 1204 im ältesten Teilstück zwischen Martinskirche (Abb. 4) und Rathaus entstanden sind. Im Zuge der weiteren Bebauung der Altstadt bis zur Mitte des 13. Jahrhunderts in Richtung der Spitalkirche (Abb. 5) wurden die an sich doch sehr praktischen Lauben

Wie aus Häusern eine Stadt wird

Abb. 5:
In der Fortführung der Altstadt in Landshut fehlen die Lauben.

weggelassen. Auch am 600 Meter langen Straßenmarkt der 1218 vom selben Herzog, Ludwig dem Kelheimer, gegründeten Stadt Straubing fehlen sie.

Zeitlich folgt der ebenfalls bald nach 1200 planmäßig angelegte Untermarkt von Görlitz, der an seiner Südseite noch die sogenannten Langen Lauben (Abb. 6) besitzt. Während bei den Hirschlauben an der Ostseite des Untermarktes (Abb. 7) die Bausubstanz zusammen mit dem Gasthaus zum Hirschen nach dem Stadtbrand von 1691 barock erneuert wurde, bewahrt bei den Langen Lauben auch das Innere (Abb. 8) weitgehend seinen mittelalterlichen Charakter. Es dürften vom Erscheinungsbild und der Bausubstanz her die ältesten und am besten erhaltenen Lauben nördlich der Alpen sein. Einst gab es auch an der Westseite noch die sogenannten Pilzlauben, sie mussten 1902 dem großen Erweiterungsbau des Rathauses weichen. Ob auch die Häuser an der Nordseite einst Lauben aufwiesen, ist nicht mehr festzustellen.

Wäre dies der Fall gewesen, hätte der Untermarkt von Görlitz jenen Städten in Böhmen geglichen, die wie Teltsch (tschechisch: Telč) einen ringsum von Lauben umstandenen Marktplatz (Abb. 9) haben. Es ist dies das großartigste Beispiel eines von Lauben geprägten Marktplatzes, weswegen Teltsch auch 1992 von der UNESCO in die Liste des Weltkulturerbes eingetragen wurde. Im heutigen Tschechien, dem einstigen Königreich Böhmen, zu dem

Abb. 6:
Die langen Lauben am Untermarkt von Görlitz sind wahrscheinlich die ältesten erhaltenen Lauben nördlich der Alpen.

Kolonnaden für Flaneure

Abb. 7 und 8: Barocke Hirschlauben (links) und mittelalterliche Lange Lauben am Untermarkt in Görlitz

Abb. 9 und 10: Rings um den Marktplatz der Welterbestadt Telč stehen Häuser mit Laubengängen – ebenso in Žatec, Tschechien.

auch Görlitz bis 1525 gehörte, kommen Lauben an Marktplätzen häufig vor, so unter anderem in Kolin (Kolín), Königgrätz (Hradec Králové) und Saaz (Žatec, Abb. 10). Letzteres wurde 1248 civitas genannt und beherbergte hauptsächlich Zuwanderer aus Deutschland.

Man hat die Lauben von Görlitz wegen der Nähe zu Böhmen von den dortigen Beispielen abgeleitet, die jedoch durchweg später entstanden sind. Teltsch wird erst 1366 civitas genannt, sein Marktplatz mit den Lauben nach der Feuersbrunst von 1530 geschaffen. Wahrscheinlich gehen sowohl das ältere Görlitz als auch die jüngeren böhmischen Beispiele auf Südtiroler Vorbilder wie Brixen oder Bozen zurück, mit denen sie durch den Handelsweg von Italien über die Alpen, durch Böhmen, die Oberlausitz, dann der Neiße und Oder folgend bis an die Ostsee verbunden waren.

Die Herkunft der Lauben aus der römisch-antiken Baukunst, vermittelt durch die Städte am südlichen Alpenrand, lehrt uns, dass Städtebau und Architektur keine vorwiegend nationalen Schöpfungen sind, sondern auf europäischen Wurzeln beruhen. Es gilt, sich auf diese gemeinsame Kultur zu besinnen und sie endlich von Brüssel aus zu fördern – sowohl im Abbau bürokratischer Schranken beim Stiftungsrecht als auch durch verstärkte finanzielle Zuwendungen für gefährdete Baudenkmale.

Der Städtebau im Wechsel der Zeiten

Die Stadt zum Wohlfühlen

*Abb. 1:
In Dinkelsbühl steht Haus an Haus, als Beispiel für die geschlossene Bebauung, die im Mittelalter bevorzugt wurde.*

Mittelalterliche Straßen und Plätze strahlen eine anheimelnde Atmosphäre aus, die gerade die Menschen unserer Zeit anzieht, weil es geschlossene Räume sind und die rahmende Bebauung einen menschlichen Maßstab einhält.

Der Wohlstand der Städte durch den Handel verschaffte ihnen Privilegien der Landesherren, die es auf die Steuern und Marktzölle abgesehen hatten. Um sich vor ihren Eingriffen wie auch vor äußeren Feinden zu schützen, wurden die Stadtbefestigungen angelegt. Sie bedeuteten aber eine Wachstumsbeschränkung, da ein zu großer Mauerumfang auch eine große Zahl wehrhafter Bürger bei der Verteidigung erfordert hätte. Der Platz in den Städten war also knapp, deshalb baute man wie zum Beispiel in Dinkelsbühl (Abb. 1) Haus an Haus, in der Fachsprache geschlossene Bauweise genannt.

Auch nach dem Ende des Mittelalters behielt man vielfach die geschlossene Bauweise bei der Anlage neuer barocker Residenzstädte bei, zum Beispiel in Potsdam (Abb. 2: Schopenhauerstraße). Auch hier gab es für die barocke Stadterweiterung noch eine Mauer, die allerdings nicht auf eine Belagerung mit Geschützen ausgerichtet, sondern nur zur Zollkontrolle bei der Ein- und Ausfuhr von Waren und gegen das Desertieren der Soldaten bestimmt war.

Das konnte im Fall der 1719 vom Fürsten Waldeck gegründeten Residenzstadt Arolsen entfallen. Deshalb kommen hier (Abb. 3) an der planmäßig vom Architekten Julius Ludwig Rothweil angelegten Schloßstraße bereits allseits freistehende Häuser vor. Man nennt dies die offene Bauweise, die hier entwicklungsgeschichtlich sehr früh auftritt, während noch beim Wiederaufbau der Stadt Neuruppin nach dem Brand 1787 die geschlossene Bauweise beibehalten wurde.

Die offene Bauweise verwandte besonders der Städtebau des Klassizismus, so auch Georg Moller, Oberbaudirektor von Darmstadt, bei der Anlage der westlichen Neustadt (Abb. 4). In einer Beschreibung der Mollerstadt von 1849 heißt es dazu: „In den beiden (Rhein- und Neckarstraße) sowie mehr oder minder auch in den übrigen Straßen der Neustadt, ist zwischen den einzelnen Häusern ein Raum, oft groß genug für ein anderes Haus, oder mehrere andere gelassen. (...) Freilich haben dadurch die Bewohner einige Schritte weiter zu einander, sie sind dafür aber auch ‚der Straßen quetschender Enge' überhoben und athmen in den von vier Seiten erhellten Häusern, in geräumigem Hof und Garten eine gesündere Luft ein." In dieser Schilderung kündet sich ein neues, durch Aufklärung und Französische Revolution ausgelöstes Lebensgefühl der Naturverbundenheit an. Man orientierte sich an der idealisierten Welt der griechischen Antike, in der man – im

Abb. 2 und 3: Auch im Barock wurde die geschlossene Bauweise beibehalten wie in Potsdam zu sehen ist. In Arolsen tritt die offene Bebauung bereits 1719 auf und gilt als ein sehr frühes Beispiel.

Wie aus Häusern eine Stadt wird

Abb. 4:
Bei der Anlage der westlichen Neustadt in Darmstadt bevorzugte man, wie im Klassizismus üblich, die offene Bauweise.

Abb. 5:
In Wiesbaden wurde untersagt, die Häuser aneinander zu bauen. So wurden sie durch Hoftore getrennt.

Abb. 6:
Veranlasst durch einen immer größer werdenden Platzmangel wurden die Tore überbaut.

Unterschied zur Willkür des Absolutismus im Barock – die Verkörperung des reinen, edlen Menschentums sah. Ihre frei in der Landschaft stehenden Tempel, deren dazu gehörende Städte man noch nicht ausgegraben hatte, wurden zum Vorbild der Baukunst. Deshalb wurde der allseits freistehende Baukörper, der klar ausgeprägte Kubus zur beherrschenden Bauform.

Als man Wiesbaden 1816 zur Residenz des Herzogtums Nassau bestimmte und um die unansehnliche mittelalterliche Stadt einen Prospekt klassizistisch bebauter Straßen legte, wurde die geschlossene Bauweise untersagt. Die Häuser durften nicht aneinander gebaut, sondern nur durch ein Hoftor miteinander verbunden werden. In der Luisenstraße ist dies bei den Häusern Nr. 5, 7 und 9 (Abb. 5) noch abzulesen. Die offene Bauweise mit ihrem größeren Bedarf an Grundstücksfläche konnte man jedoch im weiteren Verlauf des 19. Jahrhunderts bei dem enormen Wachstum der Einwohnerzahlen und dem damit verbundenen Bedarf an Wohnraum nicht durchhalten. Man kehrte deshalb zur geschlossenen Bauweise zurück, überbaute beim Haus Luisenstraße 11 und den anschließenden Häusern (Abb. 6) die Tore und fügte ein zweites Obergeschoss hinzu.

Die geschlossene Bauweise beherrschte alle Innenstädte der Gründerzeit bis zum Ersten Weltkrieg. Erst die aus einem Neoklassizismus hervorgegangene

Die Stadt zum Wohlfühlen

Neue Sachlichkeit der zwanziger Jahre bevorzugte wieder die freistehenden Kuben und legte damit den Grundstein zum Bauen bis in das 21. Jahrhundert hinein.

Mit allseits freistehenden Solitären lassen sich aber keine Räume schaffen. Eine der besonders zeittypischen Platzschöpfungen ist der Ernst-Reuter-Platz in Berlin. Das Modell zu seiner Anlage (Abb. 7) gibt auch den heutigen Eindruck eines gigantischen Verkehrskreisels wieder, der von den einzelnen Kuben der Hochhäuser und Baublocks umstanden wird. Im Unterschied zu den historischen Straßen- und Platzräumen ist der Maßstab der Randbebauung ein übermenschlicher. Hier würde niemand auf die Idee kommen, ein Straßenfest zu feiern oder einen Weihnachtsmarkt aufzubauen.

Interessant ist, dass man sich bei der jüngsten Neubebauung des Potsdamer Platzes in Berlin (Abb. 8) bemüht hat, geschlossene Räume zu schaffen, die – vom Autoverkehr befreit – wieder die Entwicklung urbanen Lebens zulassen. Vielleicht stehen wir – ähnlich wie an der Grenze vom 18. zum 19. Jahrhundert – nach dem Jahrtausendwechsel vor einer Wende im Städtebau, jetzt aber mit umgekehrter Tendenz hin zu geschlossenen Räumen.

Abb. 7:
Modell des Ernst-Reuter-Platzes in Berlin – hier würde niemand ein Straßenfest feiern.

Abb. 8:
Beim Potsdamer Platz in Berlin wurde der Versuch unternommen, geschlossene Räume zu schaffen – eine Chance für das urbane Zusammenleben.

95

Ein kleiner Einblick in die Gartenkunst

Städtebau mit Notbremse

*Abb. 1:
Bei der Anlage
von Brasilia wurde die Charta von
Athen umgesetzt.*

Der Städtebau im 20. Jahrhundert wird vorwiegend von drei Tendenzen geprägt: von der Entmischung der Stadtfunktionen, dem Übergang von der Blockbebauung zum Zeilenbau und dem Versuch, den immer stärker wachsenden Verkehr zu bewältigen. Bis zum Ende des Zweiten Weltkriegs enthielten die historischen Stadtzentren alle Funktionen: Wohnen, Arbeiten, Handel, Verwaltung und Kultur. Mit der Industrialisierung war aber durch die geräuschvollen und abgasreichen Maschinen das Nebeneinander der Gewerbebetriebe mit den Wohnungen wie zum Beispiel in den engen Hinterhöfen von Berlin-Kreuzberg ungesund und menschenunwürdig geworden. Heinrich Zille stellte die Verhältnisse in seinen Zeichnungen eindringlich dar.

Deshalb strebte der Städtebau schon in den 1920er Jahren die räumliche Trennung von Wohn-, Arbeits- und Erholungsorten an, was in der Charta von Athen zum Ausdruck kommt. Sie entstand 1933 auf dem IV. Internationalen Kongress für neues Bauen als Leitbild für den Städtebau und wurde von Le Corbusier 1941 in veränderter Form veröffentlicht.

Städtebau mit Notbremse

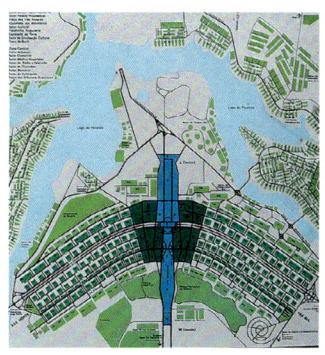

Eine bauliche Umsetzung erfuhr die Charta bei der Anlage von Brasilia. Die Hauptstadt von Brasilien wurde in den Jahren 1956–60 unter Präsident Juscelino Kubitschek tief im Inneren des Landes aus dem Boden gestampft. Stadtplaner war Lúcio Costa, Architekt war Oscar Niemeyer. Der Grundriss (Abb. 2) gleicht einem Flugzeug, denn Brasilia ist wegen der großen Entfernung zu den alten Küstenstädten nur aus der Luft zu erreichen. Im Cockpit erheben sich die Bauten der beiden Parlamente (Abb. 1) und die Regierungsgebäude (Abb. 3), im Rumpf die Kaufhäuser, Hotels und Kultureinrichtungen, in den Super Quadras genannten Tragflächen (Abb. 4) die Wohnungen.

Mir erschien bei meinem Aufenthalt in Brasilia 1980 die Stadt als ein so bedeutendes Zentrum für den Städtebau des 20. Jahrhunderts, dass ich bei einem Seminar vorschlug, sie unter Denkmalschutz zu stellen. Das bewirkte bei den Brasilianern nur ein ungläubiges Lächeln, seit 1987 steht die Stadt jedoch auf der UNESCO-Liste des Weltkulturerbes. Die räumliche Trennung der Stadtfunktionen Brasilias wurde zum Vorbild für den Wiederaufbau kriegszerstörter Städte in Deutschland, so auch in Hannover (Abb. 12) durch Rudolf Hillebrecht. Er ordnete die Regierungsbauten rings um den Waterlooplatz, die Banken und Versicherungen um den Ägidientorplatz, die Einzelhandelsgeschäfte rings um den Kröpcke sowie an der Karmarschstraße an, die Reste der historischen Fachwerkbebauung beließ er an der Marktkirche. Wohnungen liegen in der Südstadt und in den neu entstandenen Stadtrandsiedlungen.

Nach dem Ende der Kaiserzeit und des Historismus 1918 strebte die neue Generation von Städtebauern und Architekten die Überwindung der gründerzeitlichen Großstadt an. Zu ihren wichtigsten Methoden gehörte die Auflösung der dichten Blockstrukturen, wie sie in Berlin-Kreuzberg im Luftbild von 1925 (Abb. 5) zu erkennen sind. An der Sorauer Straße in Kreuzberg vermittelt die

Abb. 2–4: Brasilia: Der Stadtgrundriss gleicht einem Flugzeug, wo Regierungsbauten den Rumpf und die Wohngebäude die Tragflächen bilden.

Abb. 5: Tendenzen zur Auflösung der dichten Blockstrukturen, wie hier in Berlin-Kreuzberg, nahmen ab den 1920er Jahren zu.

97

Wie aus Häusern eine Stadt wird

Abb. 6 und 7: Ungesunde Enge der Häuser und die schrittweise Öffnung des Blockes von Ernst May schematisch dargestellt

Abb. 8: Siedlung Römerstadt in Frankfurt

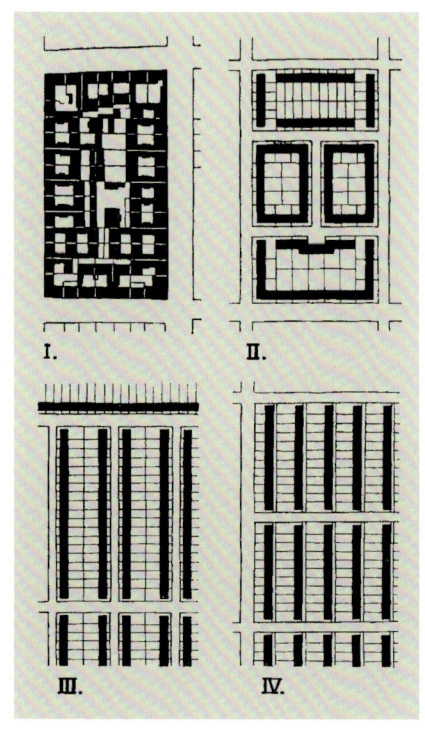

Vogelperspektive (Abb. 6) einen Eindruck von der ungesunden Enge der Hinterhöfe, deren Größe nur noch das Wenden der Feuerwehrspritze garantieren musste.

Das Schema (Abb. 7) aus der von Ernst May ab 1926 herausgegebenen Monatszeitschrift „Das neue Bauen" gibt stufenweise den Übergang durch die Öffnung der Blocks an den Ecken, einen Rest von Raumbildung durch die Anordnung eines querstehenden Traktes und schließlich den reinen Zeilenbau aus fünf, nach der Sonneneinstrahlung parallel ausgerichteten Reihen wieder. In den geschwungenen Doppelreihen der zweigeschossigen Bebauung der unter Leitung von Ernst May 1927–28 erbauten Römerstadt in Frankfurt (Abb. 8) ist noch eine gewisse Raumwirkung zu spüren, durch die sorgfältig in das Niddatal eingebetteten Grünanlagen eine angenehme Lockerheit und damit Wohnqualität. Dagegen wirkt die ebenfalls unter Leitung von Ernst May 1929 bis 1931 entstandene Siedlung Westhausen (Abb. 9) erschreckend starr und monoton. Mit ihren nach Süden ausgerichteten neun viergeschossigen Wohnblocks und den um 90 Grad gedrehten, zweigeschossigen Reihenhäusern ist sie stark verdichtet und nimmt die Tendenzen des Massenwohnungsbaus nach dem Zweiten Weltkrieg vorweg.

Für diese Entwicklung steht stellvertretend das Märkische Viertel in

Berlin, geplant für 17 000, ausgeführt 1963–1971 mit 15 218 Wohnungen für 35 000 Bewohner. Die übermäßig starke Verdichtung mit nüchternen Hochbauten aus Beton (Abb. 10) provozierte deutschlandweite Proteste von Planern und Architekturkritikern, wodurch die Wende im Städtebau herbeigeführt wurde. Sie zeichnete sich auf der Internationalen Bauausstellung in Berlin 1979–84 ab, als man in Kreuzberg an der Ritterstraße Nord (Abb. 11) zur traditionellen Blockrandbebauung zurückkehrte, allerdings ohne Hinterhäuser im Blockinneren, an deren Stelle jetzt Spielplätze und Grünanlagen traten. Die Wende im Städtebau brachte auch die Besinnung auf die Qualitäten historischer Stadtquartiere mit sich, bei deren Sanierung man in der Baupolitik von Bund und Ländern vom Flächenabriss aller Altbauten zur „Erhaltenden Erneuerung" und damit zum städtebaulichen Denkmalschutz überging. Das Europäische Denkmalschutzjahr 1975 trug erheblich zum Bewusstseinswandel zugunsten des historischen Bauerbes bei.

Die Entwicklung des Verkehrs hatten die Stadtplaner beim Artikel 60 der Charta von Athen unterschätzt, als sie formulierten: „Die Verkehrsstraßen müssen ihrem Charakter gemäß klassifiziert werden und entsprechend den Fahrzeugen und ihrer Geschwindigkeit gebaut werden". Hier wird die Begeisterung von Le Corbusier für schnelle Sportwagen erkennbar – er hat bei jedem seiner Entwurfszeichnungen jeweils einen im Vordergrund dargestellt. Die Folge dieses Artikels war der Bau von Schnellstraßen innerhalb der Stadtgebiete, beispielhaft verwirklicht in Hannover (Abb. 12), wo ein Ring von vier- bis sechsspurigen Schnellstraßen um die Altstadt gelegt wurde. Dabei baute man die Calenberger Neustadt nicht auf altem Grundriss wieder auf, sondern ersetzte sie durch die weiträumige Gestaltung des „Hohen Ufers" mit der sechsspurigen Straße.

Man sprach als Ziel des Städtebaus von der autogerechten Stadt und versuchte auch durch Straßenerweiterungen mit dem Abbruch von historischen Bauten dem Verkehr Platz zu

Abb. 9: Siedlung Westhausen, entworfen von Ernst May 1927–28

Abb. 10 (links): Märkisches Viertel in Berlin als abschreckendes Beispiel des Massenwohnungsbaus

Abb. 11 (rechts): Anfang der 1980er Jahre erfolgte die Wende zur Blockrandbebauung, hier am Beispiel Ritterstraße Nord, Berlin-Kreuzberg.

Wie aus Häusern eine Stadt wird

Abb. 12: Hannover, Beispiel für den Wiederaufbau deutscher Städte nach dem Zweiten Weltkrieg nach dem Prinzip der Trennung der Stadtfunktionen

Abb. 13: Hans Bernhard Reichow, Trennung der Verkehrsarten (Entwurf für die Margareten-Höhe in Essen, 1956)

verschaffen. Hans Bernhard Reichow hatte diesen Begriff allerdings für die Anlage neuer Wohnsiedlungen am Stadtrand geprägt mit dem Versuch, die Lärm- und Abgasbelästigung der Bewohner durch die Trennung der Verkehrsarten Schnellstraßen, Wohnstraßen und Fußgänger- wie auch Radwege zu den Wohnbauten zu vermindern (Abb. 13).

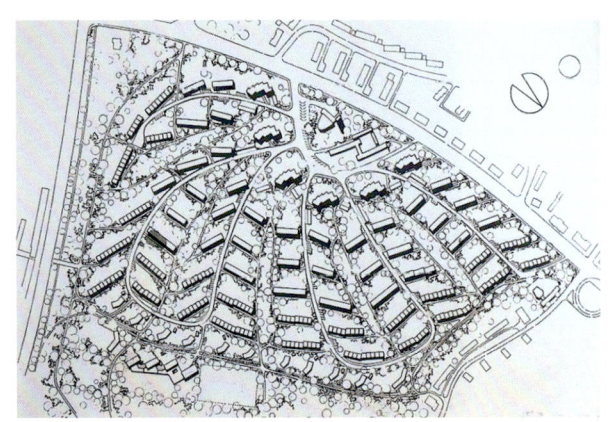

Seit den späten 1970er Jahren ist das Ziel des Städtebaus, den Verkehr den Städten und nicht umgekehrt anzupassen. Dies erreicht man durch Verkehrsberuhigung mit der Sperrung ganzer innerstädtischer Bereiche für auswärtige Kraftfahrzeuge, durch die Privilegierung des öffentlichen Nahverkehrs unter anderem durch Busspuren, durch Anwohnerparken und den Bau von Radwegen. Die Innenstädte sind wieder attraktiv zum Wohnen geworden, die bauliche Entmischung der Stadtfunktionen zugunsten einer Mischung aus Wohnen, Arbeiten, Einkaufen, Verwaltung und Erholung kein Ziel mehr.

Ortsverzeichnis

A
Aachen 22, 59, 60
Arolsen 93
Aulnay 38

B
Bad Doberan 40, 41, 42, 47, 48
Baden-Baden 56
Bad Karlshafen 17
Bad Sooden-Allendorf 64
Bautzen 61, 76, 77
Berlin 24, 95, 99;
 -Dahlem 45;
 -Kreuzberg 96, 97, 99
 -Zehlendorf 69
Bonn 56
Brasilia 96, 97
Braunschweig 51
Brixen 89
Buttforde 32
Butzbach 12

C
Cambridge 18
Clausthal-Zellerfeld 12

D
Darmstadt 69, 93, 94
Dietkirchen 60, 61
Dinkelsbühl 92, 93
Dresden 23, 34
Dreveskirchen 76

E
Eibau 67
Eilsum 31
Emden 32
Erfurt 45
Essen 100

F
Frankfurt am Main 69, 80, 98
Freiburg 52, 81, 82
Freyburg 22
Friedberg 82
Fritzlar 11
Fulda 16, 17, 65
Fulda-Johannesberg 72

G
Gernrode 19
Görlitz 18, 19, 61, 70, 74, 76, 90, 91
Goslar 22
Göttingen 84, 85

H
Hahnenklee-Bockswiese 11
Halberstadt 53, 54
Hannover 97, 99, 100
Hannoversch Münden 66, 84
Havelberg 37, 38
Heddal 10, 11
Helmarshausen 17, 19
Herculaneum 59, 89
Hinte 32

I
Istanbul 22

J
Jauer 12
Jerichow 39
Jerusalem 16, 17, 18, 19

K
Kobern 22
Köln 50, 55
Konstantinopel 21
Konstanz 19

L
Landow 12
Landshut 63, 80, 83, 84, 89, 90
Leiden 56
Lisbjerg 44, 45
London 18
Lucca 51
Lübeck 74
Lütetsburg 11

M
Magdeburg 60
Marburg 58, 60
Marienhafe 39
Melsungen 81
Münster 88
Mykene 15, 16

N
Naumburg 54, 75, 78
Neuruppin 93
Nowgorod 60

O
Osterode 73

P
Paderborn 16, 17
Pisa 21
Potsdam 93

Q
Quedlinburg 63, 86

R
Rachelshausen 12
Ravenna 16, 21, 22
Retschow 42, 43
Rom 15, 16, 20, 58, 59, 89
Rostock 42, 86, 87
Rottweil 81, 82

S
Saaz (Žatec) 91
Schmalkalden 23, 30, 33, 64
Schweidnitz 12
Segovia 18
Soest 45, 46, 48
Stade 67, 72, 85
Stralsund 48, 61, 64
Straßburg 37, 38, 71, 72
Straubing 83

T
Tangermünde 65
Telč (Teltsch) 90, 91
Tomar 17, 18
Treysa 70, 71
Tribsees 41, 42
Turin 54

V
Venedig 63
Villingen 82

W
Waldamorbach 71, 72, 73
Waldsassen 70
Wechselburg 55
Welle 63
Werden an der Ruhr 51
Wespen 11
Wetter 46
Wiesbaden 62, 66, 68, 69, 73, 75, 76, 94;
 -Bierstadt 36
Wolfenbüttel 33, 34

Z
Žatec (Saaz) 91
Zittau 50

„Städte und Baudenkmale sind wie eine steinerne Chronik. Ich möchte Ihnen zeigen, wie Sie darin lesen können."

Prof. Dr. Dr.-Ing. E.h. Gottfried Kiesow, ehem. Vorstandsvorsitzender der Deutschen Stiftung Denkmalschutz

Die Bestseller von Gottfried Kiesow
Kulturgeschichte sehen lernen

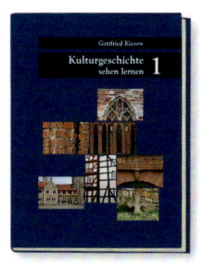

Band 1
Aus dem Inhalt: Was an Wegstrecken zu entdecken ist · Was Gebäude über Baugeschichte verraten · Woran man Umbauten erkennt · Wie sich Gestaltungsformen entwickelt haben · Welche Einblicke Kulturdenkmale gewähren

96 Seiten, 145 meist farbige Abb., Format 17 x 23 cm, ISBN 978-3-936942-03-3
13,50 Euro

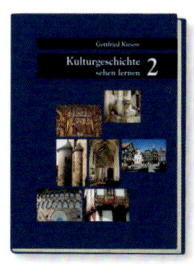

Band 2
Wie sich eine Stadt im Spaziergang erschließt · Was an Fachwerkbauten zu erkennen ist · Welche Einblicke mittelalterliche Kirchen bieten · Wie Sie die Steine zum Sprechen bringen · Wie man Fabelwesen deuten kann · Was sich hinter Zahlen verbirgt

104 Seiten, 168 meist farbige Abb., Format 17 x 23 cm, ISBN 978-3-936942-14-9
13,50 Euro

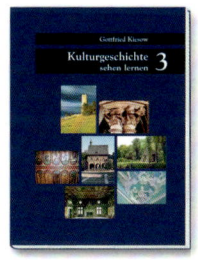

Band 3
Wo die Ursprünge der Baukunst liegen · Wie aus Farbe und Material Form wurde · Wie sich Bauformen wandelten · Warum man an der Ornamentik die Entstehungszeit erkennen kann · Wie die Natur gezähmt wurde

104 Seiten, 180 meist farbige Abb., Format 17 x 23 cm, ISBN 978-3-936942-54-5
13,50 Euro

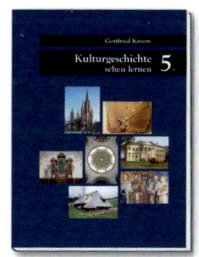

Band 5
Was Dächer über Mensch und Zeit erzählen · Wie sich der Historismus entwickelte · Welches Material beim Bau Verwendung findet · Womit das Kircheninnere gestaltet wird

104 Seiten, 181 meist farbige Abb., Format 17 x 23 cm, ISBN 978-3-86795-48-0
13,50 Euro

Erhältlich im Buchhandel oder bei

Deutsche Stiftung Denkmalschutz – **MONUMENTE** PUBLIKATIONEN
Schlegelstraße 1, 53113 Bonn – Tel. 02 28/9 57 35-0, Fax 9 57 35-28, shop@monumente.de

Impressum

Redaktion:	Gerlinde Thalheim / Heike Kühn
Schrift:	Goudy Old Style
Papier:	ProfiSilk, 135 g/m²
Satz:	Rüdiger Hof, Wachtberg/Bonn, nach einer Layoutidee von Christian und Johannes Jaxy, Oyten
Lithographie:	MOHN Media, Gütersloh
Druck / Bindung:	DZA Druckerei zu Altenburg GmbH, Altenburg/Thüringen
Bildnachweis:	Alle Fotos, die nicht einzeln nachgewiesen werden, stammen von dem Autor selbst. Weitere Fotografen:

M.-L. Preiss S. 6, 11o, 12l, 22r, 25, 28u, 34o, 36, 40, 41, 43, 53, 54lo; Jörg Schöner, Dresden S. 60, 9, 23o; Roman Mensing, Münster S. 7, 79, 88; Berit Lindheim S. 10; Roland Rossner, Bonn S. 24, 38o, 39u, 46lo, 89u.; aus: Synagogen in Rheinland-Pfalz/ Saarland, Mainz 2005 S. 26o; Stadtarchiv Worms S. 26u; aus: Thea Altaras, Synagogen und jüdische Rituelle Tauchbäder in Hessen – Was geschah seit 1945?, Königstein i. Ts. 2007 S. 27l; Stadt Gelnhausen S. 27u; Stiftung Thüringer Schlösser und Gärten Rudolstadt/Constantin Beyer S. 30; Johann Gerhard Schomerus, Das Marienhafer Skizzenbuch des Baumeisters Martens aus dem Jahre 1829, Aurich 1968 S. 35, 39o; Archiv der Heilig-Kreuz-Kirche Rostock S. 42; Nationalmuseum Kopenhagen S. 44; Verlag Dülberg, Soest S. 46u; Abegg-Stiftung Riggisberg/ Christoph von Virág S. 47; Münsterverwaltung Bad Doberan S. 48u; Dombauarchiv Köln, Matz und Schenk S. 49; Archiv der Schatzkammer der Propsteikirche St. Ludgerus, Essen-Werden S. 50; Jutta Brüdern, Braunschweig S. 51lo; Bildarchiv Foto Marburg S. 51ro; Verlag Schnell & Steiner/ Constantin Beyer S. 54u; Landschaftsverband Rheinland/ Rheinische Denkmalpflege, Michael Thuns S. 55; Verlag Schnell & Steiner/Kurt Gramer S. 56; Christian Kiesow S. 58, 81lo und lu, 82or; Domkapitel Aachen, Öffentlichkeitsarbeit S. 60lu; Tourist-Information Michelstadt S. 76lu; Verkehrsverein Landshut e.V. S. 80; Ernst Götz S. 82lo; Stadtarchiv Darmstadt S. 94o; aus: Christoph Mohr und Michael Müller, Funktionalität und Moderne – Das Neue Frankfurt und seine Bauten 1925–1933, Köln 1984 S. 98, 99o; Dirk Laubner, Berlin S. 100o

Herausgeber und Verlag:	Deutsche Stiftung Denkmalschutz MONUMENTE Publikationen Schlegelstr. 1, 53113 Bonn, Tel. 02 28 / 90 91-300 4. Auflage 2019

© Bonn 2009 - Deutsche Stiftung Denkmalschutz, MONUMENTE Publikationen

Alle Rechte vorbehalten. Das Werk einschließlich aller seiner Texte ist urheberrechtlich geschützt. Jede Verwertung außerhalb der engen Grenzen des Urheberrechtsgesetzes ist ohne Zustimmung des Verlages unzulässig und strafbar. Das gilt insbesondere für Vervielfältigungen, Übersetzungen und die Einspeicherung und Verarbeitung in elektronischen Systemen.

Bibliografische Information der Deutschen Nationalbibliothek

Die Deutsche Nationalbibliothek verzeichnet diese Publikation in der Deutschen Nationalbibliografie; detaillierte bibliografische Daten sind im Internet über http://dnb.d-nb.de abrufbar.

ISBN 978-3-86795-005-3